JN085345

Deloitte. トーマツ.
デロイト トーマツ

Q&A
業種別会計実務 7
運輸 第2版

有限責任監査法人
トーマツ【著】

Transportation

中央経済社

はじめに

　本書では運輸業を航空機での輸送業である「航空業」，船舶での輸送業である「海運業」，鉄道での輸送業である「鉄道業」，そして，各輸送事業をつなぐ事業である「物流業」の4業種に分けて取り上げています。

　運輸業は，すべての産業の上流から下流までをネットワークでつなぐ業種であると同時に，ヒト・モノが効率的に移動する業種であり，産業インフラの根幹となる業種の1つです。戦後の日本においては，経済や社会の発展とともに，運輸業もわが国社会のインフラとして高度かつ独自に発達してきました。

　わが国では高度経済成長期以降，製造業が発達してきました。原材料の多くを諸外国から輸入し，製品を諸外国に輸出するにあたっては，輸送コストが比較的低い船舶が主に使われています。一方，国内輸送においては鉄道や航空機も多用されています。

　2020年の新型コロナウイルス感染症（COVID-19）の影響により，ヒトの移動が制約されたことに伴い「航空業」および「鉄道業」では未曾有の危機を迎えています。モノの移動についても，Eコマースの発達や米中経済摩擦などを背景として「海運業」および「物流業」に大きな影響を与えています。足元の業績のみならずポストCOVID-19の行動様式を見据えて，ビジネスモデルの一部見直しや新たな取組みが行われつつあります。

　一方で，「顧客との契約から生じる収益」（IFRS第15号およびTopic606）の基本的な原則を取り入れた，収益認識に関する会計基準が2021年4月1日以後開始する事業年度から適用となります。国際的な比較可能性はもとより，業際をまたがるビジネスの収益性を測るうえでも，共通の基準に基づく収益認識は大きな意義を持ちます。

　本書では，運輸業の経理に初めて携わる方の参考となるよう，運輸業における一般的な論点を数多く取り扱っています。また，2021年4月1日以後開始する事業年度の期首から適用される収益認識に関する会計基準の適用上の論点に

ついても，運輸業において特に留意すべき事項について解説しています。

　本書は，以下のような構成で記載されています。

　まず，第1章では運輸業を「航空業」，「海運業」，「鉄道業」，「物流業」の4つに分け，それぞれのビジネスの概要について説明しています。

　第2章から第5章にかけては，運輸業の会計上の論点について，4つの業種に共通する基本的なものに加え，各業種それぞれにおける固有の論点を網羅的に解説しています。

　なお本書は，有限責任監査法人トーマツにおいて運輸業の監査等の実務に深く携わる公認会計士を中心とした専門家により執筆されています。可能な限り詳細かつ丁寧な記述を心がけましたが，紙幅の関係もあり一部説明を割愛した論点もある点，ご容赦いただければと思います。より深く正確な理解のためには私ども専門家への相談をお勧めします。

　本書が，運輸業の経理に初めて携わる方から運輸業の経理実務に長年従事されてきた方までお役に立つことを通して，わが国運輸業界のさらなる発展の一助となれば幸いです。

　2021年4月

　　　　　　　　　　　　　　　　有限責任監査法人トーマツ
　　　　　　　　　　　　　　　　航空運輸事業ユニット長　水野　博嗣
　　　　　　　　　　　　　　　　執筆責任者　小堀　一英

目　次

第3章　損益計算書からみた運輸産業の会計

第4章　貸借対照表からみた運輸産業の会計

第5章　運輸産業特有の個別論点

第 **1** 章

運輸産業とは

第1章では，運輸産業（航空業，海運業，鉄道業および物流業）の概要について触れます。会計論点はビジネスの独自性によって生まれます。運輸産業がもつ特徴について理解することは，会計論点の整理の基礎となります。

運輸産業に属するそれぞれの業界のマーケットの状況や，関連する法規制などの特徴について解説するとともに，直面している課題と今後の動向についても分析を行います。

Q1-1 航空業とは

航空業とはどのような産業ですか。

Answer Point 👆

- 航空業とは定期航空便または不定期航空便で乗客や貨物を輸送する事業です。
- 監督官庁は国土交通省です。
- 世界ではLow Cost Carrier（LCC）の市場シェアが拡大傾向にあります。
- 「空の自由化」が進んだ結果，競争が激化しています。
- 日本でもFull Service Carrier（FSC），中堅航空会社，LCCの3極化が進んでいます。

（1）航空業とは

　航空業とは主に航空運送事業のことを指しており，航空機を使用して有償で旅客や貨物を輸送する事業をいいます。本邦内の地点と本邦外の地点との間または本邦外の各地間において行う航空運送事業を国際航空運送事業，本邦内での場合を国内航空運送事業といいます。また，路線および運航する日時が定まっているか否かにより，定期航空運送事業と不定期航空運送事業に分けることができます。一般的に，定期，不定期を問わず，旅客および貨物の運送を行いますが，旅客または貨物だけに限って運送を行う会社もあります。

（2）監督官庁

　歴史的に航空運送事業に対しては，国防および国威や安全性，産業保護の観

点から国家が強く介入・規制を行ってきました。航空運送事業の監督官庁は国土交通省であり，「航空法」を代表として，航空会社の健全な競争と発展，良質なサービスによる消費者利益の確保，および航空における安全の確保を目的とした，さまざまな関係事業法令を設けています。

図表1-1-1　関連事業法令の目的

目　的		内　容
経済的規制	健全な競争と発展および良質なサービスによる消費者利益の確保	適正な航空運賃の届出 （航空法第105条） 混雑空港の発着枠配分 （航空法第107条の3）
社会的規制	航空における安全の確保	安全基準の設置 （航空法第10条等） 安全性に関する検査制度 （航空法第19条等）

（3）規制緩和

　国内航空運送事業は，戦後手厚い保護政策が行われ，主要国内航空会社の事業分野の棲み分けを明確にした45/47体制[※1]が続いていました。しかし，世界の航空自由化の動きに伴い，安全運航の確保を基本とし，企業間競争の促進，利用者の利便性の向上，経営基盤の強化，国際競争力の強化を目的とした新しい航空業の枠組みが検討され，1986年以降，保護育成政策から競争促進型の航空政策，すなわち「空の自由化」へと航空政策が大転換されました。空の自由化とは，①運賃の自由化，②参入・撤退の自由化，③運航ダイヤの自由化の3つをいいます。

（※1）45/47体制とは，国内定期航空運送事業者の参入制度であり，1986年に廃止されました。45/47体制では，過当競争を排除し，共存共栄を図ることを目的として，航空会社ごとに事業路線を定められ，日本航空は国際線と国内幹線（東京，札幌，大阪，福岡，那覇），全日本空輸は国内幹線とローカル線，東亜国内航空（日本エアシステム）はローカル線と定めました。

図表1-1-2 国内航空事業に対する規制の変遷

時　　期	規　　制	内　　容
1952年	航空法施行	わが国の航空主権の回復 運賃，参入の認可基準を定める
1972年	45/47体制の確立	主要航空会社の事業分野の棲み分けを定める
1986年	新航空政策	国際線複数社体制化 国内線における競争促進策（ダブルトラック，トリプルトラックの参入基準） →1997年に廃止
1995年～1996年	運賃の一部届出制の導入 航空会社の創意工夫による運賃設定制度の導入	営業政策的運賃の届出制 （事前購入割引運賃制度） 幅運賃制度
2000年	航空法改正	航空運賃の届出制，路線参入・撤退の自由化 運航ダイヤの自由化 混雑空港の使用許可制
2008年	日本発国際航空運賃に係る制度の改正	日本発国際航空運賃の下限の撤廃

（4）国際航空運送事業―シカゴ・バミューダ体制

　現行の国際航空運送は二国間航空協定を締結してお互いに自国の航空会社を
その路線で運航させる，いわゆるシカゴ・バミューダ体制のもとで運営されて
います。このシカゴ・バミューダ体制は，空の主権と安全問題など制度の基本
的枠組みを定めるシカゴ条約，空港施設等にかかわる規則や航空規則などを定
め民間航空輸送の安全性を確保するために設立された国際民間航空機関
（ICAO），運賃の調整と決定を行うために各国の定期国際航空会社を会員とし
て設立された国際航空運送協会（IATA）によって行われる体制をいいます。

　この体制の特徴は，国際的な基準・制度を設けつつ，各国が領空権を有し，
路線開設，便数や運賃の相互認可，以遠権（国際航空運送事業において，自国
から相手国を経由して第三国へ営業運航する権益）の許与等を二国間で決定す
る点にあります。航空運賃については，二国間によらずIATAの運賃会議で多

国間の合意のもとに決定する仕組みとなっていましたが，現在では航空会社が市場の需給バランスに応じた自由な運賃設定をすることが主流となっています。

図表1-1-3 シカゴ・バミューダ体制における業界関連組織

	IATA（国際航空運送協会）	ICAO（国際民間航空機関）
設立年度	1945年	1947年
目的	・航空運賃や航空運送に関する国際ルールを定める ・その決定は会員の全員一致と関係国政府の承認が得られた場合に有効となる	国連の専門機関として，国際民間航空の安全強化，能率化を促進し，その健全な発展のサポートを行う
構成員	航空会社 （世界の約83％の航空会社が加盟）	各国政府 （2018年4月時点で192カ国が加盟）

（5）空の自由化

　シカゴ・バミューダ体制では，二国間の相互承認を基本としていましたが，近年，米国のオープンスカイ協定，EUやオセアニアにおける航空市場の統合，APEC間の多国間オープンスカイ協定等，地域単位の航空自由化の動きが広がっています。オープンスカイ協定は国家間の取り決めですが，運送力，運賃，参入拠点に関する規制を外し，コードシェア等新たな運航形態を認めるなど幅広い路線展開を可能としています。さらに，米国はオープンスカイ協定を締結した国の航空会社に独占禁止法適用除外を付与しています。独占禁止法適用除外が認定されることによって，図表1-1-4のようにさまざまな営業政策を実現することが可能となりました。独占禁止法適用除外の認定によって，航空会社アライアンス間の提携深化が進み，競争環境は一段と厳しいものになってきています。

図表1-1-4　空の自由化と独占禁止法適用除外

```
┌─── 空の自由化 ───┐      ┌─── 独占禁止法の適用除外 ───┐
```

空の自由化
- 運賃の自由化
- 参入・撤退の自由化
- 運航ダイヤの自由化

独占禁止法の適用除外

航空会社間の
- 運航スケジュール調整
- 収入プール
- 運賃，運賃戦略の情報交換
- 統一運賃の設定
- 座席コントロール
- 販売コストの情報交換
- 共同販売

競争環境の激化
- 営業政策の選択肢が拡大
- アライアンスの拡大および深化
- アライアンスを超えた業務提携

　近年ではアライアンス提携をさらに深化させたジョイントベンチャー（JV）により，アライアンス間の競争が激化しています。JVは各国の独占禁止法適用除外の許可により，運航便数・共同での価格調整を実施し，消費者の利便性を高め，ひいてはアライアンスの差別化につなげています。具体的なJVは図表1−1−5に記載のとおりです。

　アライアンス間でのJV以外にもアライアンスを超えたJVが進んでおり，日本航空（One World）とハワイアン航空（アライアンス非加盟），日本航空（One World）と中国東方航空（Sky Team）がアライアンスを超えた共同事業を行うべく，2018年8月に独占禁止法適用除外の申請を行っています。今後アライアンス間のJVが深化する一方で，航空会社各社がさらなる差別化を図るべく，アライアンスを超えたJVが増えていくことが予想されます。

図表1-1-5　アライアンス間の主なJV

Star ALLIANCE	Sky Team	One World
■北米路線	■太平洋路線	■北米路線
全日本空輸 ユナイテッド航空	デルタ航空 大韓航空	日本航空 アメリカン航空
■欧州路線	■大西洋路線	■欧州路線
全日本空輸 ルフトハンザドイツ航空 スイスインターナショナル オーストリア航空	デルタ航空 エールフランス航空 KLMオランダ航空 アリタリア航空 ヴァージンアトラン ティック航空	日本航空 ブリティッシュエアウェイズ フィンエアー イベリア航空

（6）日本の航空市場における3極化

　日本では規制緩和に伴い，中堅航空会社であるスカイマークおよびAIRDOが1998年に就航しました。その後世界ではLow Cost Carrier（LCC）がシェアを拡大するなかで，日本でも2012年にPeach Aviation，ジェットスター・ジャパン，エアアジア・ジャパン（2013年にバニラ・エアに改称，2019年にPeach Aviationと統合）が就航しました。

　日本では，Full Service Carrier（FSC）・中堅航空会社・LCCと3極化が進んでいます。これらの特徴は図表1-1-6のとおりです。

　中堅航空会社が国内最大の空港である羽田空港のスロット（発着枠）を生かし，新千歳・福岡等の幹線を中心とした運航であるのに対して，LCCは成田空港・関西空港等を拠点空港とし，新千歳・福岡・那覇等の幹線を基本としつつ，地方空港への路線も拡大し，低価格で新たな需要を切り開いている点が特徴的です。

図表1-1-6 FSC・中堅航空会社・LCCの特徴

	FSC	中堅航空会社	LCC
機材	多種	統一または2機種程度	中小型機を中心に使用機種の統一
路線	• ハブアンドスコープ（広範なネットワーク運航） • 乗継サービスあり	• 幹線を中心とした路線	• ポイントツーポイント（単純な2拠点間の航空運航） • 中短距離中心の多頻度運航
拠点空港	羽田空港	羽田空港	成田空港・関西空港・新千歳空港・那覇空港等
機内サービス	• フルサービス（飲食，娯楽サービス等） • 複数クラス • 無料座席指定	• フルサービス（一部サービスの有料化） • 単一クラス • 無料座席指定 • FSCより多い座席数	• ノンフリル（簡素化・飲食の有料化） • 単一クラス • 有料座席指定 • FSCより多い座席数
マイレージ	あり	各社によって異なる	各社によって異なる（ポイント制度あり）
販売手法	代理店（旅行会社）に依存する割合が高い	自社サイト経由での代理店を通さない直接予約販売	自社サイト経由での代理店を通さない直接予約販売

Q1-2　航空業の課題と今後の動向

航空業が直面する課題と今後の動向について教えてください。

Answer Point

- 規制緩和に伴うグローバルレベルでの低コスト，効率化を実現することが直面する課題です。
- 新造機の性能向上により，超長距離便が増えてきています。
- 羽田空港の新飛行ルートにより国際線発着枠が増加しました。

解　説

　航空会社は，航空機を運航し旅客および貨物の航空運送サービスを行う企業です。航空会社が提供する広大な輸送ネットワークは，鉄道といった他の交通機関とともに，地域の重要な社会経済活動を支えるインフラを形成しています。この航空会社を取り巻く環境の特徴は以下のようになります。

（1）保護育成から競争促進的な政策へ転換

　Q1-1「航空業とは」に記載のとおり，戦後航空事業について秩序ある成長を図るための保護主義的な政策がとられていましたが，安全運航の確保を基本としつつ企業間競争の促進，利用者の利便性の向上，経営基盤の強化を目的とした新しい航空事業の枠組みが導入され，競争促進型および自由化へと航空政策が大転換されました。この自由化という政策転換により利用者にとっては運賃の低下およびサービスの利便性の向上が促されることになりますが，航空会社にとっては低コストおよび効率的な経営といった体質改善が求められることになります。

　近年ではFSC，中堅航空会社，LCCと多様な選択肢が広がり，これまで航空

機に乗ったことのない顧客層の新規獲得にもつながっています。

（2）地政学的なイベントリスクや為替・原油価格のマーケットリスクへの対応

　航空運送は，航空機の利用自体が目的ではなく，目的地でのレジャーやビジネスなどの本来の目的を果たすための手段として利用されます。このことから，航空需要は季節的な変動が大きく（年末年始，夏期休暇，ゴールデンウィークなどのように航空需要の高い繁忙期とそうでない閑散期がある），自然災害（感染症等を含む）やテロ等の突発的な出来事により需要が大きく影響を受けます。また，航空会社の主要な費用項目である航空燃料費も，国際紛争といった国際情勢の変化や為替変動によって大きく影響を受けます。このようなイベントリスクおよび原油価格の高騰リスクは，航空会社にとって経営の根幹を揺るがしかねないことから，これらリスクに耐えうる財務基盤の構築，効率的な航空機機材の運行体制，燃費効率の良い機材の導入およびリスク管理体制の構築が重要となります。なお，まさに現在は，2020年1月に中国武漢で発生した新型コロナウイルス感染症（COVID-19）の世界的な流行（いわゆる「コロナ禍」）の影響により，各国で入国規制や都市のロックダウン・外出自粛等が行われ，人の移動が激減したことで，航空会社は国内外を問わず業績に深刻な影響を受けています。航空業界全体では，現在も，コロナ禍の克服・回復を目指してさまざまな対応策を模索している最中です。まずは財務基盤の維持等により，現在のコロナ禍を乗り切ることが先決ですが，今後は，再び感染症が流行した場合等に備えて，たとえばできるだけコスト全体に占める固定費の割合を下げたり，地政学的なイベントリスクが顕在化した場合に特有のビジネスプランの策定や改善など，急激に顧客需要が減少しても柔軟に対応できるような事前の経営合理化が求められることになると考えられます。

（3）航空運送の公益性

　航空業は，国や地域の重要な社会経済活動の基盤であると同時に，安全保障の観点からも重要なことから，外国資本による航空会社の所有には制限が設けられています。また，航空運送の路線網およびダイヤの設定において，いつ，どこへ，どれだけの飛行機を運行するかということが問題となりますが，それ

らは航空機を離発着させる空港設備，その利用権および発着枠等の社会インフラに依存して成立するという事業の性格をもちます。

　日本の首都圏空港も東アジア地域におけるハブ空港を目指し，空港機能の拡大が続いています。航空政策の自由化への転換に伴い航空会社は効率性および収益性を高めていく必要があります。

　その結果，収益性の高い幹線に経営資源をシフトし，地方・離島路線の減便・撤退という動きがみられます。航空業がもつ社会経済活動の基盤を提供するという公益性と効率性および収益性はトレードオフの関係にあり，この 2 つの原理のバランスの取り方が新たな課題となります。

（4）情報テクノロジーの活用

　航空券の予約販売について，インターネットの普及に伴い旅行代理店を介在させない自社のウェブサイト経由の割合が増加しています。このことにより，電話予約センターの人件費や旅行代理店への販売手数料などの間接費用の削減や航空券の電子化による発券手続の効率化といった効果をもたらしています。特に中堅航空会社およびLCCでは費用削減の観点から，いかに自社のウェブサイト上で航空券を販売できるかが 1 つの課題となっています。

　最近では，航空会社間のアライアンスの深化に伴い，予約発券システム，搭乗システム等の基幹システムを，航空会社をまたいで共通化する取組みが進んでおり，Sky Teamでは加盟会社間で他社便での座席指定が可能となるなど，アライアンス単位で差別化戦略を行っています。

（5）パイロット不足

　日本でのLCC市場の拡大に伴い，パイロット需要も高まっていますが，これまでパイロットは大手航空会社での自社養成や航空大学校を卒業することが一般的なルートでした。そのため，急激なパイロット需要でLCCを中心にパイロット不足が問題となっています。パイロット不足に起因した欠航も発生し，大きなニュースにもなりました。

　そこで近年では航空大学校以外でも私立大学でパイロットを養成し，卒業後は各航空会社に就職するルートができてきました。大手航空会社もこれらの大

学へ通う学生の支援を目的に無利子貸与型奨学金「未来のパイロット」を創設し，業界全体で人材育成に力を入れています。また，2030年には国内での大量定年退職が迫っており，国と航空会社が対策を講じています。

（6）航空機の性能向上

　近年，航空機の航続距離が伸びた最新型機が開発されています。シンガポール航空が2018年10月よりA350-900ULR（Ultra Long Range）を使用し，世界最長のシンガポール・ニューヨーク間の直行便を就航させました。同社は以前もエンジンが4基あるA340-500型機を使用して同路線に就航していたものの，燃料価格高騰による採算悪化で撤退していました。しかし，新型機はエンジンが2基となり燃料効率も大きく改善されたことで再就航しました。

　このように超長距離便に適した航空機の開発が進むと，従来はシンガポールから東アジアのハブ空港で乗り継ぎニューヨークへ向かっていた人々が，直行便を利用するようになり，経由地となっていた航空便の需要が低下するといった可能性も考えられます。

（7）羽田空港新飛行ルートによる国際線発着枠拡大

　羽田空港では東京オリンピック・パラリンピック開催および訪日外国人観光客増加から首都圏の航空需要が高まるため，国際線の発着枠を拡大するべく，都心上空を通過する新飛行ルートを策定しました。これが実現した場合，国際線の発着枠が現在の年間6万回から9.9万回へ増加する見込みであったとともに，発着枠の配分が決定した航空会社は特に，業績の伸長が期待されていました。このように，大幅な発着枠の増加や見直しは，通常，政策的決定や設備面での増強が必要であり頻繁には行われないため，発着枠の獲得状況次第で各航空会社の戦略や業績にも大きく影響する可能性があります。なお，2020年は羽田空港の国際線発着枠の増加とともに，日本の航空業界にとっては飛躍が期待される年となるはずでしたが，コロナ禍を受けて各航空会社の業績は厳しいものとなっています。ただし，各航空会社の経営にとって，マーケットの需要予測を含む中長期的な戦略に沿った発着枠を獲得・保有することが重要であることには変わりがなく，各航空会社の発着枠の動向には引き続き注意が必要です。

Q1-3　海運業とは

海運業とはどのような産業ですか。

Answer Point

- 海運業とは運輸産業のうち，主に，船舶を用いて貨物を海上輸送することで収益を得る産業です。
- 世界単一の市場の中で，その市況に合わせた運賃が設定されています。
- 国内では，大手 3 社と呼ばれる日本郵船，商船三井，川崎汽船がキープレーヤーです。

解　説

（1）海運業とは

　海運業とは，運輸産業のうち船舶を用いた貨物または旅客の海上輸送を主とした産業です。日本標準産業分類における中分類「水運業」が該当します。なお，中分類「水運業」の中の「内陸水運業」，および旅客輸送については，競争要因に多くの違いがあるため，本章における海運業からは除くこととします。また，海運業は，外国との貿易を行う海上物流を意味する外航海運と，国内のみで海上物流を行う内航海運に大きく分かれますが，ここでは主に外航海運について述べていくこととします。

　以下，海運業のバリューチェーンに沿って事業の概要を見てみます（図表 1-3-1）。

図表1-3-1 海運業のバリューチェーン

船舶調達 → 営業活動 → 港湾オペレーション → 海上輸送 → 船舶修繕

① 船舶調達

　海運企業は，貨物を海上輸送するために船舶を調達します。船舶を調達する手段には購入と傭船があります。

　購入には，海運企業自らが船舶を購入するスキームや，外国籍の子会社などに船舶を購入させ当該会社から賃借するスキームなどがあります。後者のスキームで調達する船舶は「便宜置籍船」（仕組船）と呼ばれ，海運企業が船舶を購入する場合，税金や船舶の登録料などのコストメリットを考慮してこのスキームを採用することが大半です。いずれの場合も，船舶を製造する造船会社に製造を発注して引渡しを受けます。

　傭船は，船舶だけを雇い入れる裸傭船（Bareboat Charter：B/C）と，船員も含めて雇い入れる定期傭船（Time Charter：T/C）の大きく２つに分かれます。

② 営業活動

　海運企業の顧客はエネルギー産業，製造業を中心に幅広く，輸送する貨物は原油，LPG/LNG，鉄鉱石/石炭，木材，穀物，自動車，各種部品・機材，日用品などさまざまです。顧客との間で，積荷の種別，輸送する量などに応じて，海上輸送する船舶と運賃が決定され，契約を締結することになります。契約期間は数年にわたるものから，一航海だけを契約期間とする契約までさまざまです。また，契約の形態も色々な種類があります（Q4-8「海運業における傭船（用船）契約とリース会計」参照）。

③ 港湾オペレーション

　輸送する貨物は港湾において船舶に積み込まれますが，海運企業は船積を中心とする港湾におけるオペレーションを港湾運送業者に委託することがほとんどです。海上輸送にあたって海運企業は海上運送人としてのさまざまな責任を

負い，顧客との契約内容の取決めに従って港湾から港湾へ貨物を輸送します。

④　海上輸送

海上輸送は，定期船運航と不定期船運航に大別されます。定期船とは，コンテナ船に代表される一定の航路を公表されたスケジュールに従って運航する船舶のことで，不特定多数の顧客から多種類の貨物を引き受け，公表された運賃表に従って運賃を得て輸送します。一方，不定期船とは，ばら積みの乾貨物（鉄鉱石，石炭，穀物など）を運送するドライバルク船や原油等の液体を運送するタンカーに代表されますが，契約に基づいた航路を運航する船舶のことで，原則として単一荷主の単一貨物を契約内容に従って輸送します。

⑤　船舶修繕

海上輸送を担う船舶は，長期にわたって使用されるため，定期的なメンテナンスが必要となります。海上交通の安全を担保するために，定期的な検査も義務づけられています。

（2）海運業の特徴

海運業の大きな特徴として，世界で単一の市場が形成されており，顧客との運賃価格の決定においては，市場で単一のメカニズムが働くという点が挙げられます。鉄鉱石や石炭などの乾貨物を運送する不定期船の市況に関する指数であるBDI（バルチック海運指数）などのトレンドが，運賃価格の決定に大きな影響を与えます。貨物輸送が主流であり，市況に見合う運賃設定がなされることからも，海運業は競合他社との間にサービスの点での独自性を見出すことが一般的に難しい産業であるといえます。

世界単一市場でビジネスを行うため，海運企業はほとんどの場合，米ドルを主とした外貨建てで運賃収入を得ることになります。一方，日本企業であれば船舶を購入する際の資金は円建て調達（借入）することもあり，また，費用面においても，たとえば日本人の人件費など一般管理費は円建てで支払われることが通常です。このことから，為替レートの大きな変動によって，海運企業の業績は多大な影響を受ける可能性があります。そのため，多くの海運企業で

は，資金調達を外貨で行う，あるいは為替予約や通貨スワップ等の金融取引を
実施するなど，為替変動リスクを最小化する対策をとっています（Q5-6「海
運業におけるデリバティブ」参照）。

　また，リスクの観点では，海運企業は海難事故を未然に防ぐ対策をとること
が必要です。船舶が事故を起こすと，人命や顧客の財産である貨物，さらに海
という自然環境に対して大きな被害を与えることになります。また，船舶の損
失により，経営に重大な支障を来たすことになります。このようなリスクを担
保するため海運企業は海上保険を活用し，万が一の海難事故に備えるととも
に，安全運航の規則やマニュアルを作成し，船員や運航オペレーションに携わ
る人材に対して徹底した教育を行っています。

（3）海運業の輸送規模および国内のキープレーヤー

　運輸業界における海運業の重要性は非常に高く，国際貨物輸送のうち約85％
を海運が占めています。現在のところ，費用当たりの輸送量の大きさでは船舶
を上回る輸送手段がないこともあり，今後も引き続き海上輸送が国際物流の主
要な担い手となると考えられます。

図表1-3-2　世界の海上輸送量（主要品目別）

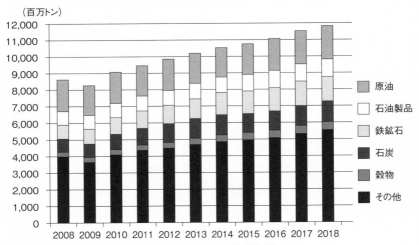

（出所：国土交通省「海事レポート2019」65頁より筆者作成）

　2017年における世界の海上輸送量は，重量ベースで前年比較3.9％増となる115億8,700万トンです。その内訳は，石油（原油および石油製品）が26.7％で最も多く，次に，鉄鉱石，石炭，穀物の順に続いています。

　これらの品目を海上輸送する船舶には，コンテナを輸送するコンテナ船，鉄鉱石・石炭などの原材料や穀物，木材などを輸送するドライバルク船，原油などの石油類を輸送するタンカー，完成した自動車を輸送する自動車船などがあります。各船種における船腹量／船隊のランキングを見ると，世界各国の海運企業が名を連ねています。

　ランキングに登場している日本郵船，商船三井および川崎汽船は，国内海運業の大手3社と呼ばれています。ランキングを見ると，国内の大手3社がすべての船種に登場していることがわかります。これは，大手3社が船種のバランスをとったポートフォリオで事業を展開しているためです。一方で，海外の海運企業の場合，特定の船種に特化して事業を展開することが主流です。

図表1-3-3 船腹量／船隊ランキング

ドライバルク船　船隊ランキング

順位	会社名	隻数	重量トン
1	China COSCO Shipping	292	30,484
2	日本郵船	179	16,492
3	China Merchants	114	13,696
4	川崎汽船	113	13,256
5	Fredriksen Group	105	12,690
6	Star Bulk Carriers	106	11,703
7	商船三井	101	11,652
8	Berge Bulk	53	10,965
9	Angelicoussis Group	52	9,168
10	Oldendorff Carriers	83	8,477
11	Polaris Shipping	33	8,381
12	Pan Ocean	59	8,359
13	今治造船	82	8,196

タンカー船　船隊ランキング

順位	会社名	隻数	重量トン
1	China COSCO Shipping	143	18,686
2	Euronav NV	72	18,178
3	China Merchants	105	17,604
4	Bahri	81	15,720
5	Teekay Corporation	112	14,777
6	Nat Iranian Tanker	54	13,655
7	Angelicoussis Group	49	13,151
8	商船三井	121	13,086
9	SCF Group	129	12,285
10	Dynacom Tankers Mgmt	65	10,737

フルコンテナ船　船腹量ランキング

順位	会社名	隻数	TEU
1	Maersk	707	3,980,880
2	MSC	505	3,228,178
3	COSCO	428	2,764,471
4	CMA CGM	469	2,595,954
5	Hapag-Lloyd	221	1,584,403
6	ONE※	226	1,535,406
7	Evergreen	202	1,199,586
8	Yang Ming	94	607,380
9	PIL	128	429,808
10	HMM	70	411,763

自動車船　船隊ランキング

順位	会社名	隻数	台数
1	日本郵船	103	621,059
2	商船三井	86	516,509
3	川崎汽船	80	476,097
4	EUKOR	71	475,525
5	GRIM	62	280,837
6	GLOVIS	60	401,890
7	WWO	54	367,165
8	HAL	46	307,425
9	NMCC	12	67,400
10	トヨフジ海運	11	53,260

※日本郵船，川崎汽船，商船三井の合弁企業

（出所：「日本郵船株式会社FACT BOOK I 2019」11頁〜21頁より筆者作成）

Q1-4　海運業の課題と今後の動向

海運業が直面する課題と今後の動向を教えてください。

Answer Point

- 海上荷動量と船腹量の需給バランスによって運賃市況は乱高下しやすく，景気変動の影響を受けやすい収益構造となっています。
- 運賃は米ドル建てが多いため，国内海運会社の業績は為替変動に大きく影響を受けます。
- 燃料油価格変動にも注意が必要です（燃料費変動分（サーチャージ）が割増料金で運賃に反映される商慣行も一部あります）。
- 2008年の金融危機以降，海運市況は厳しい状況が続いています。
- 市況変動をはじめとした外部環境の変化に対応するため，事業ポートフォリオの見直しや市況低迷時にも耐えられる低コスト体質への変革が求められています。

（1）運賃市況の影響

　海運業は，2000年代前半は世界的な好況期にありましたが，2000年代終盤以降，取り巻く環境が大きく変わりました。2008年に米国で発生した金融危機，2010年代前半に生じた欧州の財政・金融問題の影響による景気悪化と荷動きの低迷に加え，海運各社が好況時に発注していた船が大量に竣工し市場に投入されたことにより，需給バランスが崩れ，事業環境が大きく悪化しました。

　ここで，国内海運大手3社の2014年3月期から2018年3月期の業績推移を見てみましょう。2016年3月期および2017年3月期において3社いずれも売上高が減少し（2016年3月期：前年比3,429億円減少，2017年3月期：前年比7,700

億円減少※3社合計額），多額の純損失が計上されました。

図表1-4-1 大手3社の業績推移（連結数値）

（単位：百万円）

		2015年3月期	2016年3月期	2017年3月期	2018年3月期	2019年3月期	5期平均
日本郵船	売上高	2,401,820	2,272,315	1,923,881	2,183,201	1,829,300	2,122,103
	経常利益	84,010	60,058	1,039	28,016	(2,052)	34,214
	純利益	47,591	18,238	(265,744)	20,167	(44,501)	(44,850)
商船三井	売上高	1,817,069	1,712,222	1,504,373	1,652,393	1,234,077	1,584,027
	経常利益	51,330	36,267	25,426	31,473	38,574	36,614
	純利益	42,356	(170,447)	5,257	(47,380)	26,875	(28,668)
川崎汽船	売上高	1,352,421	1,243,932	1,030,191	1,162,025	836,731	1,125,060
	経常利益	48,980	3,338	(52,388)	1,962	(48,933)	(9,408)
	純利益	26,818	(51,499)	(139,478)	10,384	(111,188)	(52,993)
3社合計	売上高	5,571,310	5,228,469	4,458,445	4,997,619	3,900,108	4,831,190
	経常利益	184,320	99,663	(25,923)	61,451	(12,411)	61,420
	純利益	116,765	(203,708)	(399,965)	(16,829)	(128,814)	(126,510)

（出所：各社の有価証券報告書より筆者作成）

　これは，海運市況が大幅に悪化したことが主な要因です。コンテナ船，ドライバルク船いずれも，2016年に海運市況が歴史的低水準まで落ち込みました（図表1-4-2）。この影響を受け，大手3社それぞれが多額の構造改革費用（船舶に対する減損損失，事業再編損失を含む）を2016年，2017年に計上（減損損失，構造改革費用，事業再編損失の3社合計額：4,991億円）し，売上高の減少に伴う経常利益の減少の影響と合わせて多額の純損失を計上することとなりました。特に運賃市況の変動は，海運会社の業績に最も大きなリスクをもたらします。

図表1-4-2　ドライバルク船およびコンテナ船マーケット推移

ドライバルク船市況（傭船料／航路平均）

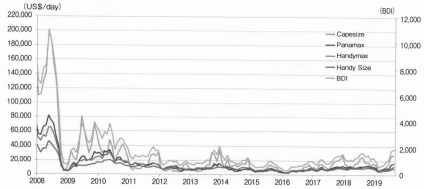

コンテナ船運賃市況（CCFI：China Container Freight Index）

（出所：株式会社商船三井「マーケット・データ」（2019年10月）2頁および11頁）

　海運市況は，海上の荷動き（需要）と船腹量（供給）の影響を受けます。コンテナ船マーケットでは，コンテナ荷動きは成長を続けていますが，コンテナ1単位当たりのコストの低減を企図して船舶の大型化が進み，その影響を受けて船腹量も増加しています。2015年において，船腹増加率がコンテナ荷動き増加率を大幅に上回った（図表1-4-3）ことが，2015年から2016年の市況の大

幅下落の原因となったと考えられます。また，ドライバルクマーケットでは，金融危機以前の好況期に大量発注された新造船が数年の造船期間を経て市場に投入され，大幅な市況悪化を招きました。その後，船舶の解撤による供給量の調整が進められていますが，新造船の竣工等の影響で，需給バランスの本格的な改善には至っていません。

図表1-4-3　コンテナ船マーケット需給推移

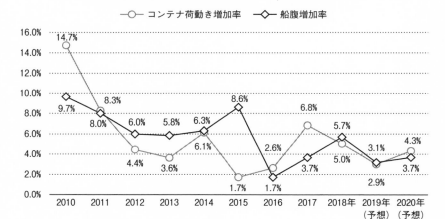

（出所：日本郵船㈱「FACT BOOK I 2019」12頁）

（2）為替変動の影響

　海運業の収益構造の特徴として，為替変動の影響が挙げられます。

　すなわち，外航海運の運賃や貸船料などの収入や借船料などの費用は原則として米ドル建てで取引されますが，国内人件費・経費や金利等の費用は円建てであることが多いことから，営業収益と営業費用の米ドル建て比率に乖離が生じ，為替レートの変動で損益が大きく変動する構造となっています。これを受けて海運各社では費用のドル化を進めており，2019年度の営業収益と営業費用の米ドル建て比率の乖離幅は13.2%となっています（図表1-4-4参照）。

図表1-4-4 営業収益，営業費用に占める米ドル建て金額の割合の推移

区分	2017年3月期	2018年3月期	2019年3月期
営業収益	86.2	86.8	85.4
営業費用	72.8	75.1	72.2
乖離幅	13.4	11.7	13.2

（出所：国土交通省「海事レポート2019」89頁より筆者作成）

（3）燃料油価格の変動

　海運業では，燃料油の価格変動に応じて割増料金を運賃に反映させる商慣行として，たとえば取引の契約上，BAF（Bunker Adjustment Factor）が考慮される場合があります。この場合は，航空業界のサーチャージのように，燃料価格の変動幅の一部ないし全部を運賃に上乗せすることができるため，燃料価格が利益に及ぼす影響をヘッジすることができます。しかしながら，取引条件上で燃料価格の変動分を運賃で吸収しきれない場合は，損益に影響をもたらします。

（4）今後の動向

　ここまで見てきたように，海運企業は，運賃市況，為替，燃料価格変動の外部環境の影響を大きく受けます。足元では，米国や中国での景気回復を背景に事業環境の改善が見られるものの，米中の貿易摩擦や，自国保護貿易主義の高まり，地政学的リスクの高まりなどの懸念事項があります。また，市況と並び，海運企業の業績に大きな影響を与える為替や燃料価格の今後の見通しも不透明な状況が続いています。

　海運企業はこうした状況のなか，市況変動をはじめとした外部環境の変化に対応するため，事業ポートフォリオの見直しや市況低迷時にも耐えられる低コスト体質への変革が求められています。

　特に，コンテナ船事業では，競争環境の激化により，買収・統合により世界規模での再編が進んでおり，2017年に日本の海運大手3社のコンテナ船事業を統合した"Ocean Network Express"（ONE）が発足し，2018年4月より事業

を開始しています（図表1-4-5参照）。

図表1-4-5 定期コンテナ船事業の主要プレーヤーの状況

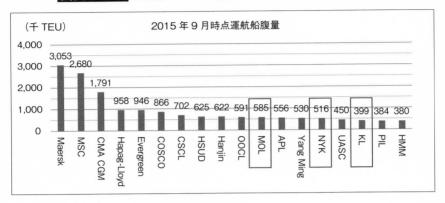

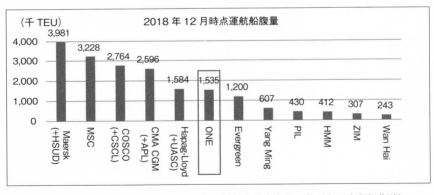

（出所：日本郵船㈱「FACT BOOK I 2019」3社統合発表資料に基づき日本郵船集計）

Q1-5 鉄道業とは

鉄道業とはどのような産業ですか。

Answer Point

- 鉄道業は約150年の歴史があり，路線等鉄道インフラの整備や鉄道運行などを行う鉄道事業者と，車両などを製造するメーカーで構成されます。
- 鉄道業は鉄道事業法に基づき国土交通大臣から認可を得た企業のみが営むことができます。
- 鉄道事業者の運輸事業（鉄道，バス等）の売上構成割合は，上場しているJR4社では70％程度ですが，大手民鉄では30％程度にすぎず，非運輸事業（小売，不動産，ホテル・レジャーなど）からの売上が多くなっています。

（1）業界の沿革と概要

　明治維新後，近代化を目指して社会基盤の整備が急務であった1872年に，日本で初めての鉄道（新橋〜横浜間を結ぶ29km）が開通しました。今日では，鉄道はなくてはならない重要な社会基盤となっています。

　戦後には公共事業体として日本国有鉄道（国鉄）が発足し，基幹的輸送機関として大きな役割を果たしてきました。しかしながら，モータリゼーションの進展による輸送構造の変化など時代の変化に即応した経営ができず，1986年には実質破たん状態に陥りました。国鉄は，1987年に民営化され，民営化に伴いエリアごとに分割されるとともに，不採算路線は廃止または第3セクターなどに継承されました。

　一方，民鉄各社は，1881年に初めて日本鉄道会社が設立されて以降，鉄道業とあわせて周辺事業を開発する小林一三モデルをもとに発展を遂げてきました。

　鉄道業を営むにあたっては，鉄道事業法に基づいた認可を国土交通大臣から受ける必要があります。鉄道事業法において，鉄道事業者は次の3つに分類されており，2019年4月1日現在，208社が鉄道事業法に基づく認可を受けています。

① 　第1種鉄道事業者：自らが鉄道線路を敷設し，運送を行う事業者であり，自己の線路の容量に余裕がある場合には，第2種鉄道事業者に自己の線路を使用させることができる事業者

② 　第2種鉄道事業者：第1種鉄道事業者または第3種鉄道事業者が敷設した鉄道線路を使用して運送を行う事業者

③ 　第3種鉄道事業者：鉄道線路を敷設して第1種鉄道事業者に譲渡するか，または，第2種鉄道事業者に使用させる事業であり自らは運送を行わない事業者

鉄道業は輸送内容によって旅客輸送と貨物輸送の2種類に分類され，貨物輸送はJR貨物がそのほとんどを占める独占市場となっています。

　旅客輸送に関しては，新幹線鉄道と在来線の2種類に分けられます。新幹線鉄道とは「その主たる区間を列車が200キロメートル毎時以上の高速度で走行できる幹線鉄道」（全国新幹線鉄道整備法第2条）をいい，それ以外の鉄道路線を在来線と呼びます。

　旅客人キロ（輸送人数×輸送キロ）[注]を地域別に比較すると，関東・中部・近畿の大都市圏だけで全体の92%を占めており，鉄道業は大都市圏に大きく偏在していることがわかります。その他の地方都市は，鉄道の廃線やモータリゼーションの進展により自動車保有率が高く，大都市圏との人口格差以上に鉄道業の規模格差が生じています。

（注）「旅客人キロ」とは旅客の人数とその輸送距離を掛け合わせたもので，輸送量を表す単位です。

図表1-5-1　旅客人キロ（輸送人数×輸送キロ）

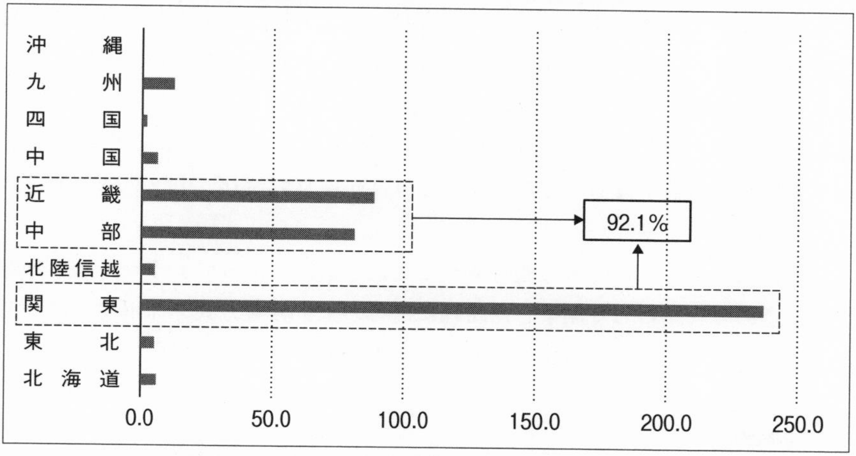

（出所：国土交通省　鉄道輸送統計年報（2018年度）より筆者作成）

（2）日本の鉄道業の特徴

①　運賃・料金の決定

　鉄道業は，その公共性から運賃・料金の設定や変更手続が鉄道事業法に定められており，認可または届出が必要となります。運賃には普通旅客運賃や定期旅客運賃等があり，また，料金には，特急料金，グリーン料金，入場料金等があります。

　運賃および料金の上限の設定，変更は国土交通大臣の認可が必要であり，能率的な経営のもとにおける適正な原価に適正な利潤を加えたものを超えないものであるかどうかの審査が行われます。一方で，上限の範囲内で定める運賃・料金等の設定，変更は事前の届出でよいとされています。

　また，運賃・料金は，関係駅等に公告した後でなければ実施することができず，値上げの際は，7日間以上の公告が必要となります（鉄道営業法第3条）。

②　上下一体での鉄道運営が一般的

　鉄道事業の運営形態には，上下分離方式と上下一体方式があります。上下分

離方式とは，線路，駅，車両などのインフラ設備の保有者と鉄道の運営者を分離することです。海外においては，鉄道のインフラ整備は膨大な費用負担が発生するため，インフラの整備・保有は自治体等の公共機関が担い，運行・サービス部分を民間が担う上下分離方式が一般的です。

　一方，日本のJR各社や民鉄各社は，大量輸送市場や独占的に市場を有している恵まれた環境下にあったために，採算性が優れており，上下一体の運営が一般的となっていました。

　日本においても，1987年に施行された鉄道事業法によってようやく上下分離方式が認められ，新しく開業した路線にはこの上下分離方式を採用する例が増加しているほか，いわゆる整備新幹線も上下分離方式となっています。

③　設備投資

　鉄道は，公共の"足"という側面があるため，収益性の観点だけではなく，収益に直結しない多額の設備投資を実施する必要があります。具体的には，安全性の確保や利便性の向上，不採算路線の運営，災害復旧活動などが挙げられます。鉄道業は上下一体で運営されることが多いため，こうした設備投資の多くは鉄道事業者の負担で行われています。

　鉄道事業者は安全輸送を義務づけられており，設備投資の多くが安全対策に投じられています。大手民鉄16社の2018年の設備投資実績では，投資額の50％が踏切および運転保安工事に投じられており，運転保安設備の整備，耐震補強，線路の立体化による踏切道の整理などが進められました（図表1-5-2）。

　そのほか，都心への乗入れや駅の改良，車両の新造などの輸送力増強工事や，エスカレーター・エレベーターの新設・増設等のバリアフリー化，運行情報案内表示器の整備，インターネット接続のためのWi-Fiの整備など，多様なサービス改善工事も積極的に行われています。

④　鉄道の利用を促進するための取組み

　鉄道事業者は，日常での鉄道利用を促進するため，他社路線との相互運用を進める，新駅を開業するといった取組みのほか，駅周辺の駐車場を整備して自動車利用者の取込みを図る，ダイヤ改正により他の交通機関との乗継ぎの利便

図表1-5-2　大手民鉄の設備投資額の推移

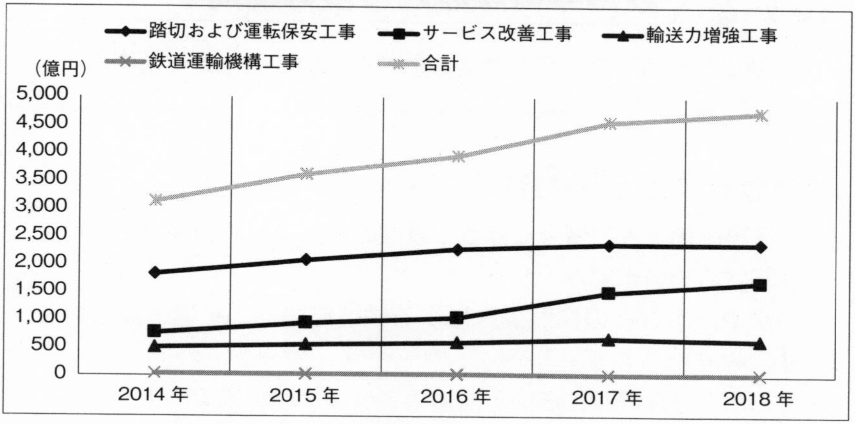

（出所：日本民営鉄道協会「大手民鉄鉄道事業データブック2019」より筆者作成）

性を向上する，といった工夫をしています。また，観光需要を取り込むため，さまざまな企画切符が発売されているほか，観光列車がさまざまな場所で運行されています。特に観光列車は，乗ること自体が旅行の大きな目的となり，観光列車に乗るまでに自社線を利用してもらうといった効果もあります。

⑤　事業の多角化

　日本の鉄道事業者は，鉄道網の整備と沿線開発を一体的に行うケースも多く，沿線の宅地開発やマンションの建設などの不動産業や，百貨店やスーパーマーケット，コンビニエンスストア等の小売業などを中心とした非鉄道事業を展開しています。特に大型の宅地やマンションの開発，百貨店の運営などは，鉄道利用者の維持・増加に大きく貢献しています。

　そのほか，ホテル事業や旅行事業に進出している事業者も多く，子育て支援やシニアビジネス，家事代行サービスなどの生活支援サービスといったソフト面の事業展開も活発になっています。最近では，過去に開発した宅地や団地で住民の高齢化が進んでおり，こうした地域の再活性化に取り組む鉄道事業者も増えています。

Q1-6　鉄道業の課題と今後の動向

鉄道業が直面する課題と今後の動向について教えてください。

Answer Point 👆

- 少子高齢化・人口減少に伴って鉄道の利用者数は減少していくと予想されています。
- 地震や豪雨などの自然災害による鉄道施設への被害が見られます。
- このような環境下において鉄道事業者は，沿線価値向上モデルの深耕やITのさらなる活用，新たな事業展開といった自社の経営資源に合った成長戦略を描いていましたが，2020年以降のCOVID-19の影響により，ポストCOVID-19の構造変化を見据えた戦略の再構築を迫られています。

解　説

（1）鉄道業の課題

　鉄道業は少子高齢化や人口減少などの要因により，中長期的には利用者が減少していくと予想されています。少子高齢化や人口減少が進む地域を走る，いわゆるローカル線の中には，その存続が議論されているものもあります。鉄道事業は，安易な廃線を防ぐために「不採算路線の廃線」には地元議会との協議が必要となっており，中には地元住民の声によって廃線を見送り，不採算路線を存続させるケースも存在しています。

　また，日本は震災による鉄道施設等への被害が多く，近年では豪雨災害による被害も広い地域で見られており，豪雨災害は気候変動に伴って今後さらに増加するとの予想もあります。鉄道業は，日本では上下一体で運営されている

ケースが多く，自然災害による鉄道施設の被害も一部を除いて鉄道事業者の負担となります。特に，ローカル線が被害を受けた場合には，鉄道事業者は，鉄道の公共性の維持と復旧費用および復旧後の運営費用の負担をめぐり，難しい判断を迫られることになります。加えて，2020年以降の新型コロナウイルス感染症（COVID-19）による移動制約に伴い，当面厳しい状況が続くとともに，COVID-19の収束後も新たな行動様式が定着し，ヒトの流れが変化する可能性があります。

（2）今後の動向

　今後，鉄道利用者が減少していくと予想されているなか，COVID-19前においては，鉄道事業者は沿線価値向上モデルの深耕による利便性向上や，ITのさらなる活用，新たな事業展開などを検討・実施しています。

①　沿線価値向上モデルの深耕

　鉄道事業者は，鉄道利用者数の拡大を目指し，不動産業や小売業等を通じた沿線の街づくりを積極的に行う沿線価値向上モデルに積極的に取り組んできました。ターミナル駅周辺では，シンボルとなる施設を開発し，ターミナル駅の魅力度を増す取組みが進められています。また，羽田空港へのアクセス線や大阪都心部を中心に，新路線や既存路線の延伸計画が進められているほか，他社路線との相互運用の促進，路線の複々線化，新駅の開業などにより，多くの人を自路線に呼び込む施策も進められています。最近では，有料で着席を保証する列車の導入も進んでおり，これも自路線に乗客を呼び込む施策の一例といえるでしょう。

②　ITのさらなる活用

　近年，IT技術は著しく進展しており，鉄道事業においてもIT技術を活用したさまざまな取組みが進められています。
　車両の運行面では，無線式の列車運行システムが実用化されているほか，定時運行や高密度輸送，事故復旧などの運行管理にもさまざまな技術が用いられており，自動運転に向けた取組みも一部の路線で始まっています。また，車両

を構成する主要機器の情報をリアルタイムに監視するシステムを導入し，保守・点検費用の削減や，故障の予兆把握，故障からの迅速な復旧を目指す取組みが行われています。

　次に，利用者向けのサービスとしても，列車の運行情報や位置情報の提供に加えて，車内温度やコインロッカーの空き情報閲覧サービスなどが行われているほか，チケットレスサービスの導入も進んでいます。

③　新たな事業展開

　新たな事業展開として，海外展開を図る鉄道事業者が増えています。

　日本の鉄道は，高い安全性，高い定時制，低いライフサイクルコストが特徴であり，鉄道施設の建設，運行システム，保守，鉄道車両，駅周辺開発などの全部または一部をパッケージとして海外に展開する活動が，官民一体となって行われています。

　また，そのほかにも，鉄道事業者が日本で培ったノウハウをもとに，ホテル事業や住宅事業，駅ビル事業などで海外に展開する事例も多く見られます。ポストCOVID-19において，ヒトの流れがどのように変化するかは不透明ですが，構造変化を見据え，これまでの取組みのスピードアップを含めた成長戦略の再構築を迫られています。

Q1-7　物流業とは

物流業とはどのような産業ですか。

Answer Point

- 物流業とは集配サービス（集荷・配送）および荷役サービス（保管・仕分け等）を行う産業であり，配送ネットワークが生命線といえます。
- 監督官庁は国土交通省です。
- 設備装置産業，かつ，労働集約型産業です。

解　説

（1）事業の内容

　従来，運送業者は，荷主の貨物を工場やオフィスから集荷し，それを配達先まで届ける配送業務を主に手がけていました。一方，倉庫業者は，荷主から預かった貨物の倉庫での保管や届け先別の仕分けなどの荷役業務を主に手がけていました。このため，両者には一定の棲み分けがありました。しかし，それぞれの事業者が，企業向け物流を中心にサービスの提供範囲を拡大し，両者ともに保管・荷役業務や集荷・配送業務を手がけるようになったことにより，倉庫業者と運送業者間の垣根は低くなっています。本章では倉庫業と運送業を区別せず，物流業として一括してその特徴を整理していきます。

　物流業は，日本経済の成長に伴い貨物の輸送量を伸ばしてきました。しかし，昨今の日本経済の停滞に伴い輸送量は低下しており，特に2000年度以降は，輸送量の減少傾向が続いています（図表1-7-1）。

　上記のとおり国内貨物の輸送量は減少傾向にあるものの，ここ数年は下げ止まりつつあります。これは，BtoCおよびCtoCの電子商取引市場（以下，「EC

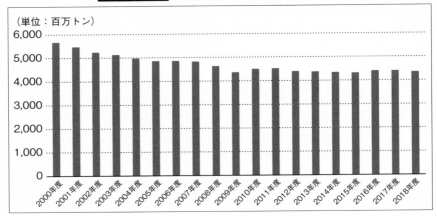

図表1-7-1　国内自動車貨物輸送量の推移

（出所：国土交通省「自動車輸送統計年報　平成30年度分」総括表（１）輸送トン数の推移
　　　　より筆者編集）

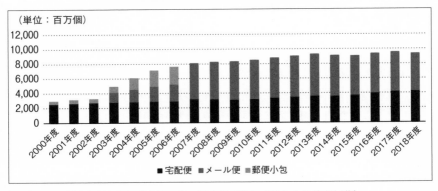

図表1-7-2　宅配便等の取扱個数の推移

（出所：国土交通省「宅配便等取扱個数の調査及び集計方法」より筆者編集）

　市場」という）の発達に伴い，貨物取扱需要が着実な伸びを見せており，宅配
便市場(注)が堅実な成長を遂げていることによるものです（図表1-7-2，図
表1-7-3）。もっとも，BtoCの貨物が増加することは輸送の小口化と多頻度
化を伴うものであり，物流業者にとっては１個当たりの輸送負担の増加を伴う

図表1-7-3 日本のBtoC　EC市場規模

(出所：経済産業省「平成30年度 我が国におけるデータ駆動型社会に係る基盤整備（電子商取引に関する市場調査）報告書」

ものであると考えられます。

（注）ここでいう宅配便市場とは国土交通省の「宅配便等取扱個数の調査及び集計方法」にて定義された宅配便を指し，同調査では「宅配便としてカウントする貨物は，特別積合せ貨物運送またはこれに準ずる貨物の運送であって，重量30kg以下の1口1個の貨物を特別な名称を付して運送したもの」と定義されています。

（2）監督官庁

　物流業の監督官庁は国土交通省です。国土交通省はトラック事業等が担う陸運だけでなく，海運や鉄道運輸，航空運輸なども管轄しており，物流施策を総合的かつ一体的に推進するため，2012年7月には国土交通大臣を本部長とする国土交通省物流政策推進本部を設置しています。

　トラック事業については1951年に成立した「道路運送法」によりさまざまな規制がありましたが，1990年12月に施行された「物流二法」と呼ばれる「貨物自動車運送事業法」および「貨物利用運送事業法」によって規制緩和されました。すなわち，自社の自動車等で事業を行う運送事業者に適用される貨物自動

車運送事業法では路線，区域の事業区分が廃止され，事業は免許制から登録制に，運賃・料金も許可制から事前届出制になりました。その後，2003年4月の改正で運賃・料金は事後届出制になりました。このような規制緩和により，物流業は競争が激化しているのが実態であり，各物流業者は付加価値向上による他社との差別化を図っています（Q1-8「物流業の課題と今後の動向」参照）。

　上記のほか，政府は2018年1月に『総合物流施策推進プログラム』（2019年3月28日改定，2020年3月27日改定）を公表しています。目標年次である2020年度まで，国土交通省をはじめとした各府省庁が取り組むべき具体的な施策等をとりまとめ，推進されていく予定です（Q1-8参照）。

（3）配送ネットワークの重要性

　物流業は貨物を集め，配達先に配達することが基本サービスです。そのため，集荷・配送を行う配送網をいかに構築するかは，この業界における競争優位性の点から重要であり，この配送網を「端末ネットワーク」と呼びます。また，遠隔地へ貨物を届けるためには都市間や拠点間を結び大量の貨物を運ぶことも重要であり，この配送網を「幹線ネットワーク」と呼びます。

　大手企業は独自で全国に幹線・端末両方のネットワークを構築する一方，中小業者はその企業体力から特定地域の端末ネットワークのみ，または幹線ネットワークのみの構築に特化している場合がほとんどです。そのため中小業者は業者間で連携し，自社の端末ネットワーク網にない地域への配送は他社に依頼するなどして配送ニーズに対応しています。また，大手でも国際物流となると，船舶や飛行機による輸送，配達先国での配送などを他業者に委託する場合もあります。このような活動を通じてネットワーク網を拡充し，多様な広がりをもつ配達先への対応を進めています（Q1-8参照）。

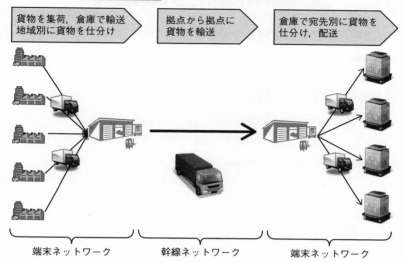

図表1-7-4 ネットワーク網のイメージ

貨物を集荷，倉庫で輸送地域別に貨物を仕分け

拠点から拠点に貨物を輸送

倉庫で宛先別に貨物を仕分け，配送

端末ネットワーク　　　　幹線ネットワーク　　　　端末ネットワーク

（4）事業の形態

　物流業は，貨物を集荷・配送を行うための設備としてトラックを保有し，また，その仕分け等を行うための設備として倉庫を保有していることから，設備装置産業的な要素を有しています。バーコードやRFID（電子タグシステム）などにより自動化を進めているものの，仕分業務の多くはまだ人手が必要であり，また，自動運転技術は急速に進化しているとはいえ，依然として配送のためのトラックの運転にも人手が必要であることなど，労働集約型産業の側面も有しています。このようなビジネスモデルは，固定費率が高いという財務的な特徴として表れています。そのため，倉庫・トラック等の設備および作業員の稼働率や作業効率をいかに上げるかが，収益性の向上にあたって重要となります（Q1-8参照）。

Q1-8 物流業の課題と今後の動向

物流業が直面する課題と今後の動向について教えてください。

Answer Point

- 日本の物流マーケットの成熟化にいかに対応するかが課題です。
- 海外進出を含めた新しい付加価値を提供する物流改革への対応が成長のポイントとなります。

解説

（1）日本の物流マーケットの成熟化への対応

① 日本の物流マーケットの将来

　日本の物流マーケット全体に大きく関連する日本国内貨物輸送量は，縮小均衡傾向が続いています（Q1-7「物流業とは」参照）。一方，規制緩和により市場への参入企業の増加が続いています。このため，物流業は極めて厳しい競争環境が続いている業界といえます。

　将来の見通しとしても，主要な荷主である製造業等は材料費，人件費のコスト削減のため海外への投資や現地生産を増加させる傾向にあり，日本での設備投資も急激な伸びが期待できないなか，国内市場の貨物輸送量が継続的に増加していくとは考えにくく，業界の見通しは必ずしも明るいとはいえません。

　そういったなか，2018年1月に『総合物流施策推進プログラム』（2019年3月28日改定，2020年3月27日改定）が政府より公表されました。わが国の経済成長と国民生活を持続的に支える「強い物流」の実現に向けて，各府省庁において推進すべき取組みの方向性として，6つの視点が示されています。当面は，これら6つの視点を中心に，政府による施策の取りまとめが進み，それを推進していくこととされています。

〔6つの視点〕

> ⅰ 「サプライチェーン全体の効率化・価値創造に資するとともにそれ自体が高い付加価値を生み出す物流への変革」（＝繋がる）〜競争から共創へ〜
>
> ⅱ 「物流の透明化・効率化とそれを通じた働き方改革の実現」（＝見える）
>
> ⅲ 「ストック効果発現等のインフラの機能強化による効率的な物流の実現」（＝支える）〜ハードインフラ・ソフトインフラ一体となった社会インフラとしての機能向上〜
>
> ⅳ 「災害等のリスク・地球環境問題に対応するサステイナブルな物流の構築」（＝備える）
>
> ⅴ 「新技術（IoT，BD，AI等）の活用による“物流革命”」（＝革命的に変化する）
>
> ⅵ 「人材の確保・育成，物流への理解を深めるための国民への啓発活動等」（＝育てる）

②　さらなるコスト削減が求められる背景

　物流業のコスト構造は，人件費，車両費，物件費といった固定費の占める割合が高く，外部へ流出する委託費や燃料費等の変動費に対するコントロールの余地も多くはありません。しかし，本来価格転嫁できるはずの燃料費の高騰についても，販売価格への転嫁は容易ではありません。したがって，各事業者には，コストの大半を占める固定費を継続的に削減していく取組みが求められています。

　他方，働き方改革の推進や労働力人口の減少により，人員の確保が困難な状況が続く見通しです。

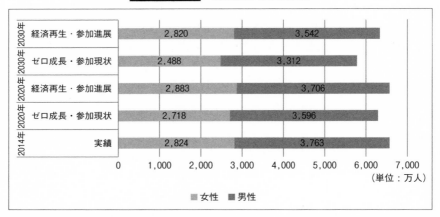

図表1-8-1 労働力人口の推移

（単位：万人）

■女性　■男性

（注1）経済再生・参加進展：経済成長，および若者，女性，高齢者などの労働市場参加が
　　　　進むシナリオ
（注2）ゼロ成長・参加現状：ゼロ成長に近い経済成長で，性・年齢階級別の労働力率が
　　　　2014年と同じ水準で推移すると仮定したシナリオ
（出所：2014年実績値は総務省「労働力調査」，2020年および2030年は労働政策研究・研修機
　　　　構による推計値より）

　近年では，契約社員のドライバーによる，正社員のみを対象とした諸手当等
の支給が労働契約法に抵触する不合理な労働条件であるとして差額の支払を求
めた訴訟事案と，定年後継続雇用したドライバーの賃金を2割引き下げたこと
が不合理であるとして提訴した事案の最高裁判決が，2018年6月に出されまし
た。前者については，通勤手当など4種類の手当の格差を不合理とした高裁判
決を支持したうえで皆勤手当についての格差も「不合理」と判断し，後者につ
いては，賃金引下げを不合理ではないとした高裁判決を結論としては支持する
一方，精勤手当の不支給については不合理としました。
　労働力人口が減少傾向にあるなか，非正規雇用者割合が増加しており，ま
た，ドライバーの長時間労働の解消問題もあるため，企業における適正な労働
力確保，従業員の労働環境の整備，手当を含む適正な賃金水準の設定などが求
められています。

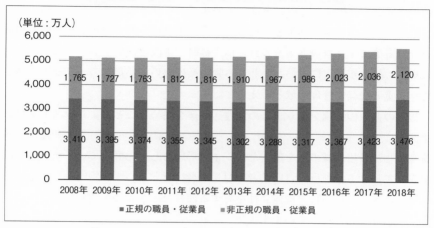

図表1-8-2　雇用形態別役員を除く雇用者の推移

（出所：総務省「労働力調査（詳細集計）平成30年（2018年）平均（速報）」）

③　人件費の抑制と人材投資

　物流業における人材の管理はコスト管理の点からも重要ですが，レピュテーション（市場の評判）の維持の点においても重要です。特に，BtoCである宅配事業であればさまざまな顧客と直接の接点を有するため人材教育が重要となります。また，BtoBを中心とする事業形態においても道路交通法の違反抑止や事故予防等における人材管理は，経営活動の骨格に当たるものといえます。

　自動車運送事業者等は，一定規模の事故があった場合，運輸局を経由し，国土交通省に届出をする義務を負っています。また，法令違反などで行政処分を受けた事業者は，国土交通省のホームページでも開示されています。人件費を抑制するだけでなく，コンプライアンス維持のための人材投資も重要となります。

④　運送そのものの効率化

　コスト増加を運賃へ容易に転嫁しにくい状況のなかで，確実に利益を生み出していくためには，運送の効率を限界まで高めていく必要があります。運送効率を把握する指標としては，車両稼働率[注1]や実車率[注2]等が代表的なもの

であり，各社はこれらの指標の維持向上のため，自社網を広げる，または，複数の事業者で連携する等の策を講じています。管理可能な物流取引を増やすことにより，復路の積載効率を上げることや，主要都市間の輸送と各地域の輸送を分ける等によりコスト効率の良い輸送経路・手段を採択することは，一般的に規模の経済が働きにくいといわれる物流業において，規模のメリットを享受できる重要な経営管理領域といえます。

　複数の荷主の物流を取りまとめて運送効率を高めることによりコストダウンを図ることは，「サード・パーティー・ロジスティクス（3PL）」と呼ばれ，各荷主の物流費用削減の域を越えたビジネス形態として発展しています。この取組みに参加する業種は，倉庫業者や運送業者にとどまらず，物流子会社を所有しているメーカーや物流機能会社を有する商社などを含め多業種にわたっており，熾烈な争いとなっています。

　　（注１）車両稼働率：延べ実働車両数（貨物輸送のために走行した自動車の延べ数）
　　　　　　　　　　　÷延べ実車両数（登録自動車の延べ数）
　　（注２）実車率：実車キロ（実際に貨物を積んで走行した距離）÷総走行キロ

⑤　新しい取組みによる生き残り
　物流事業者が生き残るためには，物流サービスに付加価値を加え，他社と差別化を図ることが重要となっています。この差別化には，冷凍・冷蔵輸送や時間帯指定等，配送形態そのものに対するものもありましたが，同業他社においてもすぐに同様のサービスが取り入れられることにより，持続的な競争優位は働きづらくなっています。このため昨今では生き残りをかけて，共同配送や事業者間連携などによる輸送の生産性向上が必要となっています。
　具体的には，物流事業者や荷主等の連携により，物量の平準化，荷姿やデータ仕様の標準化等を行うことにより，積載効率の向上や事業者間連携の円滑化等を図ることや，複数の物流事業者および物流施設が貨物情報を共有できるバース予約調整システムの導入，物流総合効率化法の活用による物流施設におけるトラック予約受付システムの導入などを促進することで，関係者間の連携・協働を推進し，荷待ち時間・荷役時間の削減等を図ることが考えられます。
　近年では，ドローンやAIの登場によって，従来にない新しい技術や物流形

態が導入されつつあります。たとえば，ドローンにより遠隔操作で物流配送を行うことで山間部への配送を効率化することや，電子タグ等の導入により，物流業務のロボット化・自動化・システム化が進むと想定されます。このような社会的インフラの変化に対応し，自社の物流サービスにどのように取り入れていくかについて，政府の施策の取りまとめ状況もにらみながら，各社で対応していく必要があります。

（2）新たな成長機会についてのポイント

① 成長機会を求めた海外進出

　物流業におけるグローバル対応は，当業界独自のものではなく，先行して海外進出を遂げた自動車もしくは電機メーカー等が現地で商圏を形成していく流れに呼応する形で進化を遂げつつあります。

　特に大手物流事業者は，外資系物流事業者との提携や出資，または，自社での海外配送ネットワーク網の構築を進めており，将来の成長機会の1つとなっています。

　物流業各社の中には，中長期的な目標として海外売上高比率の向上を掲げているところもあります。しかしながら，当業界は配送ネットワーク網を構築するための初期投資が多くかかることや，市場に対する認知力を向上させていくために一定の期間が必要であること等から，海外取引が物流業者各社の成長を牽引するまでに至っているケースは多くありません。これを受けて，政府では特にアジア諸国における物流のシームレス化を推進しようとしています。具体的には国土交通省が中心となって北東アジア物流情報サービスネットワーク対象港湾の拡大および共有情報の充実や，アジア物流圏における物流資機材のリターナブル化・標準化の促進を目標としています。したがって，このような政府の施策を利用しながら，より効率的に海外進出を進めていく必要があります。

　また，物流業に限らず，海外における利用者のニーズに見合ったサービスを提供するためには現地の人材の起用が必須であり，その確保や教育には比較的時間がかかります。おそらく日本で成功している人材育成モデルをそのまま海外で展開することは困難と考えられ，各現地マーケットに適用した人材育成力

も，各社の成否を分けるポイントといえます。

② M&Aやアライアンスによる成長

　大手物流事業者では，M&Aやアライアンスなどにより海外の商圏を確保していくという手法も盛んです。これらは，各社とも数年前から取組みを始めていますが，買収した会社に対して，日本のきめ細かなサービス水準を提供するためにはかなりの期間を要するものと考えられます。また，必ずしも日本と同じサービス水準やオペレーションが期待されていない場合もあると考えられます。

　グローバルマーケットにおいて，日本本社のガバナンス力は，さまざまな業種で今後の成長における経営管理上の重要なポイントとなっています。ただし，投資回収期間の長さや現地化の必要性などを考えると，物流業では特に，将来の成否を決める非常に重要な要素になるものと考えられます。

③ EC市場の成長

　国内貨物総輸送量は縮小均衡傾向にあるものの，EC市場の規模は拡大の一途をたどっています（Q1-7の図表1-7-3参照）。そのため，EC市場の物流需要をいかに取り込めるか，そして，いかに効率的に配送を行い生産性を上げていけるかが重要なポイントとなります。宅配便市場は成長期を経て成熟期へと移行しつつあり，今後事業者にとっては大量に商品輸送を行うBtoC分野における需要の取込みが重要な鍵となっています。

第2章

財務諸表の特徴
および分析

第2章では，運輸産業の会計および財務諸表の特徴や特殊性について記載します。

財務諸表の特徴を知ることで，運輸産業における損益計算書や貸借対照表の論点や課題が把握できます。

Q2-1　航空業の財務諸表の特徴

航空業の財務諸表にはどのような特徴がありますか。

Answer Point

- 航空業について，特別に開示を規制する基準はなく，財務諸表は一般事業会社と同様に作成されます。
- 収益面・費用面の双方において，天災，景気変動，為替・燃油相場の変動等のさまざまな外部環境の変化の影響を強く受ける傾向にあります。

解説

（1）航空業における財務諸表開示の基準

　運輸産業においては，海運業や鉄道業のように，その財務諸表を作成するにあたって特別な規則が定められている業種が存在します。一方で，航空業に関してはそのような特別な規則は存在せず，一般事業会社と同様に財務諸表等規則や会社計算規則に準拠して財務諸表が作成されることになります。

（2）外部環境の変化が収益・費用に与える影響

　航空機の運航においては旅客の安全を最優先で考える必要があることから，天候や天災等をはじめとする外部環境の変化が運航実績，ひいては業績へと密接に関連します。たとえば大雨，強風等により急遽当日に多数の便が欠航となることがあります。また，2011年3月の東日本大震災では仙台空港が閉鎖され一定期間の運航停止となったり，記憶に新しいところでは，2018年9月の台風によりタンカーが空港連絡橋へ衝突し関西国際空港で運航停止，その後に起きた北海道胆振東部地震でも新千歳空港のターミナルビルが閉鎖され運航停止し

たりするなどの天災による運航停止がありました。

　また，まさに現在は，2020年1月に中国武漢で発生した新型コロナウイルス感染症（COVID-19）の世界的な流行（いわゆる「コロナ禍」）の影響により，各国で入国規制や都市のロックダウン・外出自粛等が行われ人の移動が激減したことで，航空会社は国内外を問わず大幅な減便を余儀なくされ，業績に深刻な影響を受けています。

　天災等以外にも，2001年のアメリカ同時多発テロによりユナイテッド航空が破産申請したように，外的要因によって業績に大きな影響を受けやすいのが特徴です。このほかにも，景気との関連で航空便を利用する旅客数やビジネスクラス・ファーストクラスなど上位グレードの座席利用者数が変動したり，代替交通機関の新設や価格改定，政策，国際情勢等，さまざまな要因で需要が変動します。

　一方で，需要のみならず，事業上必要とされる費用の面でも，為替相場や原油価格の影響をはじめとするさまざまな要因に影響を受けます。たとえば，航空機の調達は購入またはリースいずれの方法においても米ドルで取引されますし，航空機の維持・管理のための整備も，海外で行う場合の支払は米ドルでの取引となります。また，運航にあたって大量・多額に消費されるジェット燃料は原油から精製されるため，原油相場の変動に大きな影響を受けます。このように，収入および費用の両面から，外部環境の変化の影響を色濃く受けることになります。

Q2-2 航空会社の戦略と財務諸表への影響

航空会社の戦略や事業モデルを理解するうえで，主にどのような点に注意すればよいですか。また，それらは財務諸表にどのように影響しますか。

Answer Point

- 航空会社では，機材の調達，マイレージなどの顧客向けプログラム，路線選択とダイヤ申請，専門能力を有する人材の確保および育成戦略，整備体制などの分野において，それぞれ意思決定が行われることで，財務諸表に影響を与えます。
- 高額な航空機を保有またはリースする必要があり，総資産に占める固定資産の割合が高くなることが特徴です。また，整備や運航の品質を確保するため，高額の整備費用や人件費が生じやすい傾向にあるほか，生活インフラを支える産業として，申請ダイヤを維持するための固定費が多額に発生しやすい業種です。
- コストが固定的に発生するのに対し，外部環境に関連する需要の変動が収入に大きく影響するため，業績が不安定になりやすい産業といえます。

解説

（1）各社の経営戦略，事業モデルから表れる財務諸表の特徴

航空業の財務諸表は，Q2-1「航空業の財務諸表の特徴」までで見てきた外部環境による影響以外にも，機材の調達方針，マイレージなどの顧客向けプログラム，路線選択と申請ダイヤ，専門能力を有する人材の確保・育成戦略や整備体制など，各社が選択する事業モデルや経営方針によっても大きな影響を

受けます。バリューチェーンに沿って，航空会社がとり得る戦略と財務諸表への影響を見てみます。

図表2-2-1　航空会社のバリューチェーン

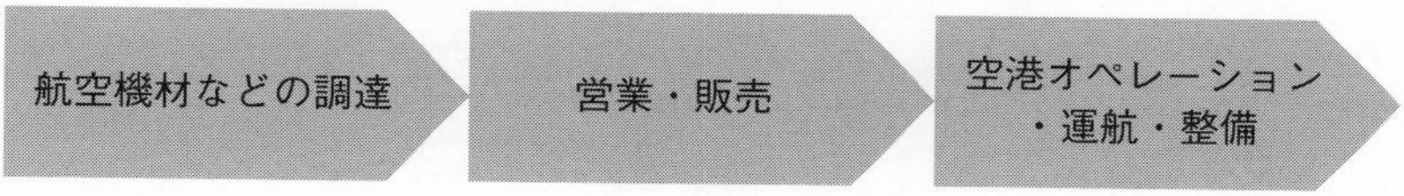

航空機材などの調達　→　営業・販売　→　空港オペレーション・運航・整備

① 航空機材などの調達

ⅰ．多額の設備投資と借入れ

　航空会社は，主に旅客や貨物を輸送するために航空機を調達しますが，その手段には購入とリース（賃貸借契約）の２つがあります。一般的な旅客機は，そのサイズにもよりますが，１機当たり100億円を超えるような高額な資産です。わが国の大手航空会社においては，このような高額な航空機を100機以上保有しているため，購入により調達する機体について，航空機メーカーが新機材を建造している期間中，多額の建設仮勘定が計上されています。また，固定資産に関連する費用，たとえば減価償却費や修繕費などの金額は多額なものとなります。

　さらに，航空機は耐用年数を基準とすれば約20年程度の期間で入替えが行われるため，常に多額の資金需要が存在します。前述のとおり，航空会社の業績は必ずしも安定的でなく，常に手元に潤沢な資金を抱えているわけではないため，結果としてそれらの設備投資資金は借入金や社債でまかなわれることになります。また，大手に比べて資金力に乏しく財務的基盤として弱い中堅からLCCまでの航空会社にとっては，それらをリース取引により調達することも多いですが，いずれにせよ，設備多額のための多額の利息を負担することになります。

図表2-2-2 総資産に占める有形固定資産／社債・借入金の割合

	有形固定資産	社債・借入金	リース債務
ANAホールディングス（連結）	57.5%	28.6%	0.6%
日本航空（連結）	45.7%	6.7%	0.2%
スターフライヤー（単体）	47.6%	14.1%	17.4%
AIRDO（単体）	35.8%	－	34.2%
ソラシドエア（単体）	24.8%	16.3%	0.2%

（出所：各社の2019年3月末の有価証券報告書より，有形固定資産，社債・借入金（短期・長期），リース債務（短期・長期）の金額の合計額を基礎として算定）

　このように，航空機の購入時には，多額の資金や高い信用力など安定した財務基盤が必要です。また，購入後は，座席数など機材の規模に見合った路線を維持する必要が生じるため，購入による航空機の調達は大手航空会社（FSC）や一定規模以上の中堅航空会社で行われることが通常多いといえます。航空機の取得および減価償却などに関する会計処理の詳細は，第4章Q4-1「航空機の取得原価」およびQ4-2「航空機の減価償却」で解説します。

ⅱ．航空機リース取引による多額の保証金とリース料

　格安航空会社（LCC）では，リースを中心とする機材調達が多く見られます。航空機をリース（賃貸借契約）により調達する場合，業績が不安定になりやすい航空業の特性や，対象資産（航空機）が高額かつ整備費用も多額に必要な点などから，リース会社との契約で高額のリース料や保証金の積立てを要求されるケースがあります。ただし，必ずしもリース期間における中途解約不能条項や違約金が定められているケースばかりではありません。また，機材の返還にあたり必要な重整備の要件，保証金等の返還限度額などが契約で定められているケースがあります。リース取引やそれに付随して発生する整備費用については，これらのリース契約内容と整合した会計処理が必要となります。詳しくは第4章Q4-4「航空機リース取引」で解説します。

②　営業・販売
ⅰ．マイレージ・プログラムなどの顧客優遇制度

　営業施策においては，旅行代理店との連携，マイレージ制度や株主優待制度の導入などを通じて，顧客の優遇，囲込みや他社サービスとの差別化を図ります。これらの戦略を通じて，各航空会社がターゲットとする顧客層（ビジネス，レジャー等）やブランドイメージが醸成され，中長期的な競争力となることが見込まれます。マイレージについては，航空業特有の取引であり，会計処理のポイントについてQ3-8「航空業におけるマイレージプログラム」で解説します。

③　空港オペレーション・運航・整備
ⅰ．ダイヤ維持のための固定費と不安定な利益体質

　販売計画における戦略の中心はダイヤの決定および申請となります。各航空会社は，定期的に監督官庁である国土交通省に路線およびダイヤの届出を行うこととなっており，申請したダイヤに対する運行責任は，一定期間，航空会社に課されることとなります。また，各空港の発着枠の獲得には大きな労力を要するため，頻繁に大幅な路線変更やダイヤ改正などは行いづらい業界環境です。これにより，一定数のダイヤや運行便数を維持するため，燃料費，人件費，整備費，空港費（着陸料，空港施設利用料）などの費用が固定的に発生することになります。

　一方で，コストが固定的に発生するのに対し，外部環境に関連する需要の変動が収入に大きく影響するため，業績が不安定になりやすい産業といえます。なお，このように頻繁かつ大幅な方針変更は行いにくいものの，抜本的な利益体質の改善が必要な場合には，路線整理や縮小などを伴う大規模な方針見直しが行われるのが特徴です。

ⅱ．多額の人件費

　空港オペレーションや航空便の運航・整備においては，資格要件を満たす機長，副機長などの操縦士（パイロット）や整備士など，高度な専門的な能力を有する人材の確保が不可欠となります。LCCの台頭，飛行機の小型化または中型

化に伴い，世界的に見てパイロットおよび整備士の需要は飛躍的に増加しており，それに伴い人材不足が深刻になりつつあります。わが国においても，国策等を通じてパイロットおよび整備士の育成に向けた取組み等が行われていますが，パイロットや整備士などの養成には多くの時間を要するため，人材の需要に対して十分な供給があるとはいえない状況にあり，人件費は高止まりしている傾向にあります。

　また，大手航空会社においては，旅客輸送・貨物輸送を主たる事業としていますが，事業を行うにあたってのインフラである航空機の整備・修繕，空港のハンドリング，ケータリングから，旅客輸送・貨物輸送を取り巻くサービスである旅行・物販まで，多岐にわたって自社グループで対応しており，必然的に多数の人員を抱えることになります。そのため，給料・賞与等の人件費が多額に生じやすい傾向にあります。

ⅲ．多額の整備費用

　航空会社では安全および運航の品質を確保するため，飛行の間隔ごとに行われる軽度の整備から，一定期間運航を休止して整備工場で行われる大規模な整備・点検まで，航空機ごとの状況に応じてさまざまな整備を行うことが求められています。これにより，自社での整備にかかる人件費以外にも外部業者への業務委託などが生じることもあり，整備費用の割合が高くなるケースがあります。

　また，LCCなど中規模以下の航空会社においては業績および財務諸表に大きく影響するような整備が数年間隔でしか実施されないケースもあります。このようなケースにおいて，自社の整備規程や法定での飛行回数の上限から将来において業績および財務諸表に大きく影響するような整備を実施する可能性が相応に高く，その金額を合理的に見積ることができるなど引当金の計上要件を満たす場合には，将来の整備費用を適切に各期の損益計算へ配分するため引当金を計上しなければならないことに留意する必要があります。航空機の取得後支出および整備費用についての会計処理のポイントは第４章Ｑ４-３「航空機に係る取得後支出（整備，部品交換)」で解説します。

Q2-3 航空業における経営管理のポイント

航空業における経営管理のポイントを教えてください。

Answer Point

- 航空会社の財務諸表の特徴を理解するうえでは，イールドマネジメントをはじめとする航空業特有の経営管理指標を理解する必要があります。ユニットレベニューの最大化，ユニットコストの最小化が経営管理のポイントとなります。
- 近年はLCCやFSCなどビジネスモデルが多様化し価格競争も激化しています。世界的に破産，更生の例も多く，収益および利益状況について各航空会社の戦略や業界内でのポジションに注意する必要があります。

（1）航空会社の経営管理指標

　航空業において，特徴的な経営管理指標は次のとおりです。航空業に限らず，企業の最大の目標は収益を最大化しコストを最小化することにありますが，航空業の経理指標は収入や費用を分解した各構成要素となっています（図表2-3-1参照）。

① 座席キロ（Available Seat Kilometers：ASK）

　航空会社が提供する旅客輸送容量の単位であり，操業度を表します。これは，就航路線の距離（キロ）×提供座席数の合計で算定されています。長距離路線への就航や同一路線内での便数増便，座席数の多い大型機体の導入などにより上昇し，主に燃料費，人件費，整備費，空港費（着陸料，空港施設利用料）

などの固定的な費用の発生状況に影響を与えます。

② 座席利用率 (Load Factor：L/F)

　座席の販売状況を計る指標であり，有償旅客人数÷提供座席数で算出される割合です。無償旅客数を含めない点で搭乗率とは異なります。運賃の水準を維持したまま本指標を改善することで，収入が増加します。短期的かつ直接的には，航空会社が設定する早期予約割引や通常運賃などといった券種構成やその価格水準をどのようにするか，さらには，その時々で比較対象となる競合他社の販売状況などのオペレーションに影響を受けて上下する傾向があります。また，中長期的かつ間接的な影響ではありますが，キャンペーンや広告宣伝活動などを通じたブランドイメージや路線認知度，定時性の向上などの非財務指標との関連性にも注意する必要があります。

③ 旅客キロ (Revenue Passenger Kilometers：RPK)

　各有償旅客が搭乗し飛行した距離であり，就航路線の距離（キロ）×有償旅客数の合計で算出されます。航空会社が提供する輸送容量である座席キロ（ASK）に，座席の販売状況を示す座席利用率（L/F）を乗じることでも，算出が可能です。

④ イールド

　旅客キロ1単位当たりの運賃収入であり，運賃収入÷旅客キロで算出されます。旅客が実際に購入した飛行距離1単位（キロ）当たりの運賃の平均水準を表します。対象路線の平均販売運賃÷路線距離によっても算出が可能です。

　なお，運賃収入は，イールド×旅客キロによって算出されますが，さらに旅客キロは，座席キロ×座席利用率（L/F）と表すことができるため，運賃収入＝イールド×座席キロ×座席利用率（L/F）と分解できます。ここで，座席キロはダイヤ申請後の状況下では固定的かつ所与の条件としての性質が強いため，航空会社の短期的なオペレーションでは，運賃体系等の設定を通じて，イールドと座席利用率（L/F）の双方をより高い水準にコントロールし，収入の最大化を目指すことになります。このように，旅客の需要に応じて運賃体系

等の設定をコントロールし収益を最大化するマネジメント手法をイールドマネジメントといいます。

⑤　ユニットレベニュー

　座席キロ1単位当たりの運賃収入であり，運賃収入÷座席キロで算出されます。なお，運賃収入は旅客キロ×イールド，座席キロは旅客キロ÷座席利用率（L/F）と表すこともできるため，イールド×座席利用率によっても算出が可能です。運賃水準を高く設定し過ぎてチケットが購入されない場合，座席利用率（L/F）が低下し本指標も悪化するため，イールドマネジメントの効果測定指標として使用されるほか，ユニットコストとの比較における採算性判断の指標としても用いられます。

⑥　ユニットコスト

　座席キロ1単位当たりの運賃コストであり，運航コスト（燃料費，空港費，機材費，整備費など）÷座席キロで算出されます。ユニットレベニューとの比較において，採算性判断の指標としても用いられます。利益の最大化を目指すうえでは，イールドマネジメントとあわせてユニットコストをいかに下げられるかが航空会社の経営課題となります。

図表2-3-1　航空会社の経営管理指標（分解の一例）

```
                 ┌ 座席キロ（ASK）＝ 総提供座席数 × 路線距離
       旅客キロ（RPK）┤  ×
                 └ 座席利用率（L/F）＝ 有償旅客人数 ÷ 総提供座席数
運賃収入 ┤
       │  ×
       └ イールド ＝ 運賃収入/旅客キロ（RPK） ＝ (有償旅客人数 × 平均販売運賃)/(有償旅客人数 × 路線距離)
```

（2）わが国および世界の航空会社の動き

　前述のとおり，航空業は収入および費用の両面において外部環境の影響を受けやすい業種である一方，主要な費用である減価償却費，燃料費，人件費は需要がある程度変化したとしてもほぼ固定的に発生する（すなわち，定時ダイヤを運航した場合，乗客が多くても少なくてもほぼ同額となる）費用であるため，利益体質は不安定なものとなりやすい傾向があります。また，国や地域によって異なりますが，同業他社やLCC，鉄道等といった代替交通手段との競合，オープンスカイ政策による新規参入者の登場等もあり，業界内でも価格競争が必要な環境は継続しています。

　このような状況を打破し経営の安定性を確保すべく，航空会社は継続的にコスト削減に取り組んでいるほか，生き残りをかけて世界的なアライアンスへの加盟，他社との合併等を行っています。

　わが国においても，国内線では，2012年3月に関西国際空港を拠点とするPeach Aviationの就航を皮切りに，ジェットスター・ジャパン，エアアジア・ジャパン（2013年にバニラ・エアに改称，2019年にPeach Aviationと統合）などのLCCが市場参入し，低価格路線の新規需要拡大による厳しい競争環境となっていました。

　なお，まさに現在は，2020年1月に中国武漢で発生した新型コロナウイルス感染症（COVID-19）の世界的な流行（いわゆる「コロナ禍」）の影響により，各国で入国規制や都市のロックダウン・外出自粛等が行われ人の移動が激減したことで，航空会社は国内外を問わず業績に深刻な影響を受けています。各航空会社とも大幅なコストカットや資産整理を進めたり，新たな資金調達を行ったりするなどの対策を講じているほか，コロナ禍から回復した後も生活様式の変化に応じたビジネスモデルの転換が必要となることも考えられます。また，再び感染症が流行した場合等に備えて，より一層のコスト削減，なかでも，特に経営の柔軟性を高めるために費用全体のうち高い割合を占める固定費を集中的に削減するなど，急激に顧客需要が減少しても柔軟に対応できるような事前の経営合理化が求められることになると考えられます。

図表2-3-2　日本の主要航空会社と国内線市場のシェア（2018年度）

航空会社名	本店所在地	輸送人員（千人）	旅客収入（百万円）	輸送人キロ当たり旅客収入（千円）
日本航空（JAL）	東京	30,693	478,848	17.2
全日本空輸（ANA）	東京	44,436	685,549	16.8
日本トランスオーシャン航空	沖縄	2,905	36,893	13.5
スカイマーク	東京	7,385	85,604	11.0
AIRDO	北海道	2,129	30,090	15.0
ソラシドエア	宮崎	1,892	26,736	13.4
スターフライヤー	福岡	1,596	26,266	17.1
Peach Aviation	大阪	3,266	24,166	7.8
ジェットスター・ジャパン	千葉	4,771	40,518	8.2
バニラ・エア（注1）	東京	1,515	12,370	7.4

（注1）バニラ・エアは，2019年10月にPeach Aviationと統合している。
（出所：国土交通省ホームページ（特定本邦航空運送事業者に係る情報）より，年度の輸送人員数が1,000千人以上の航空会社を集計）

（3）わが国における各航空会社の比較

①　各社のイールドマネジメントの状況

　上記**（1）**で解説したとおり，航空会社はイールドと座席利用率（L/F）の双方をより高い水準にコントロールし，収入の最大化を目指すことになります。図表2-3-3のように，各航空会社のイールド5期推移を分析することで，わが国における航空市場の競争環境を知ることができます。

　まず，国内線各社のイールド（価格帯）分布としては，大手2社とLCC，中堅航空会社（大手2社よりも25〜45％程度割安な一方でLCC3社よりは20〜40％程度割高）による水準とがあり，3極化の状況が見られます。5年推移で見た場合，各社の価格帯と順位に大きな変化はないもの，Peach Aviation，ジェットスター・ジャパン，バニラ・エアなどのLCC各社は，参入以来，知名度向上やサービスの認知とともにイールドの水準を徐々に向上させながら，図表2-3-4のとおり2015年度まではシェアの拡充にも成功しています。

　一方，大手から中堅までの各航空会社では横這いを維持するか右肩下がりの

イールド推移となっています。LCC新規参入から8年近くが経過した現在，LCCによるシェアの急拡大は落ち着きを見せ，2019年10月にはバニラ・エアがPeach Aviationへ統合されるなどLCC内でも再編の動きも見られるものの，今後も業界全体としてはシェアの維持や拡大のため，厳しい競争環境にさらされることが考えられます。

　なお，2020年度以降に発生したコロナ禍では，各社ともこれまでにない減便を強いられた状況で営業を行っています。コロナ禍においても，現在までのところ各社のシェアやイールド（価格帯）分布が3極化している状況には大きな変化がありませんが，LCCまでを含めた各航空会社の業界再編の動きや，各社のイールドマネジメントに変化がないかは注視すべきポイントと考えられます。

図表2-3-3 航空各社（国内線）の輸送人キロ当たり旅客収入の5期推移

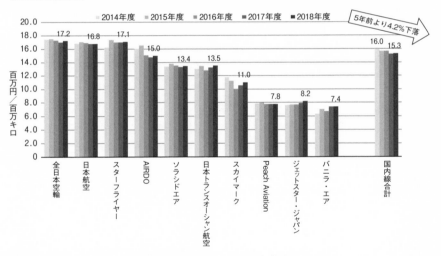

（注1）バニラ・エアは，2019年10月にPeach Aviationと統合している。
（出所：国土交通省ホームページ（特定本邦航空運送事業者に係る情報（各年度））より集計）

図表2-3-4　国内線LCC旅客数推移とLCC旅客数シェア

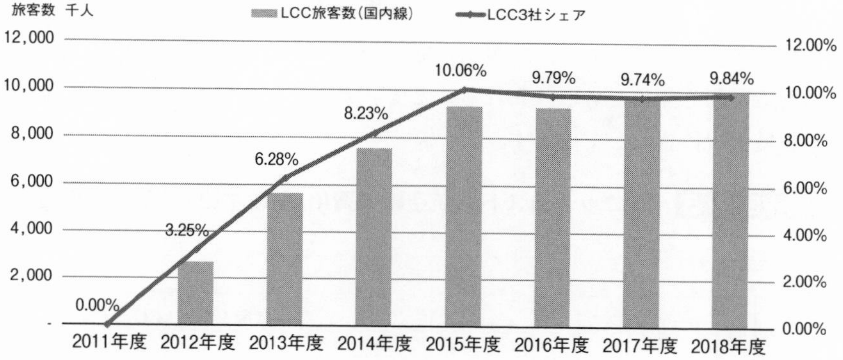
旅客数　千人
LCC旅客数（国内線）
LCC3社シェア
12,000
10,000
8,000
6,000
4,000
2,000
-
12.00%
10.00%
8.00%
6.00%
4.00%
2.00%
0.00%
0.00%
3.25%
6.28%
8.23%
10.06%
9.79%
9.74%
9.84%
2011年度
2012年度
2013年度
2014年度
2015年度
2016年度
2017年度
2018年度

（出所：国土交通省ホームページ（特定本邦航空運送事業者に係る情報（各年度））より集計）

②　FSCとLCCのコスト比較

図表２-３-３で見たように，航空会社の運賃はFSCとLCCとの間では大きな差がありますが，中堅航空会社やLCCにおける低価格の運賃は，相対的に低いユニットコストにより達成されているといえます。ユニットコストとは，座席キロ１単位当たりの運賃コストのことをいいます（**(1)** ⑥参照）。たとえば，中堅航空会社やLCCでは，同型機体であってもシート間隔の調整などで１機当たりの座席数を増加させたり，多頻度運航により機体・乗員の稼働率を向上させたりすることで，FSCと同規模の機体・乗員数に対してより多くの座席キロを稼いでいます（分母の増加）。トラブルなどが起きた場合には間隔の短いダイヤの対応やリカバリーが容易でなくなり，定時性などへ悪影響が出ることもありますが，これらの施策によりユニットコストを低下させ，安価な運賃体系を実現しているのです。

また，LCCの事業モデルでは「機材費系（機体のリース料や減価償却費）」，「人件費系」などの費用を低く抑えること（分子の減少）でも，相対的に低いユニットコストを実現しています（図表２-３-５参照）。たとえば，「機材費系」の費用については，使用機体や機種を限定することで，整備用の予備部品の減少や整備作業の複雑化防止，乗員訓練用機器（シミュレーター）費用の低減などが図られます。「人件費系」の費用については，LCC特有の簡素化されたサー

ビスや，本社機能の外注・スリム化などが大幅なコスト削減につながっています。

　中堅航空会社においても，顧客満足度や定時性とのバランスを見ながらこれらの施策を部分的にでも取り入れることで，大手航空会社と比較して低価格帯での運賃実現に貢献しています。

図表2-3-5　ユニットコスト（航空事業費用/座席キロ）（2015年度）

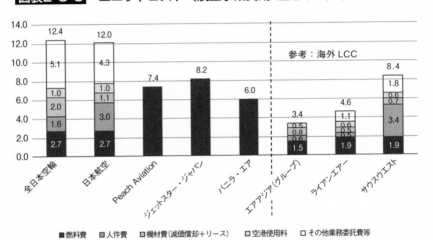

（注1）バニラ・エアは，2019年10月にPeach Aviationと統合している。
（出所：国土交通省 2016年度 政策レビュー結果（報告書）『LCCの事業展開の促進』よりデータ抜粋）

Q2-4　海運業の財務諸表

海運業の財務諸表にはどのような特徴がありますか。

Answer Point 👆

- 海運業の財務諸表は海運企業財務諸表準則に基づいて作成します。

（1）海運企業財務諸表準則とは

　企業会計における財務諸表等の様式等については，「財務諸表等の用語，様式及び作成方法に関する規則」（以下，「財規」という）において定められています。しかし，海運業については，その特殊性に鑑み，財規第2条の規定により別途「海運企業財務諸表準則」が定められており，海運企業はこの準則に基づき財務諸表等を作成します。

（2）開示の特徴

　海運企業財務諸表準則には，一般事業会社における開示と異なる点として，主に以下の4つの特徴が挙げられます。

①　財務諸表の順序

　一般事業会社では，財務諸表は1．貸借対照表，2．損益計算書，3．株主資本等変動計算書の順に開示します。

　これに対し，海運企業財務諸表準則に基づく財務諸表においては，1．損益計算書，2．株主資本等変動計算書，3．貸借対照表の順に開示します。

② 損益計算書

　海運企業財務諸表準則に基づく損益計算書を一般事業会社の損益計算書と比較すると，営業総利益（または営業総損失）までの構成が異なります。なお，営業総利益（または営業総損失）は一般事業会社の財務諸表における売上総利益（または売上総損失）に対応します。

　営業総利益（または営業総損失）の計算は，Ⅰ海運業収益，Ⅱ海運業費用，Ⅲその他事業収益，およびⅣその他事業費用に区分されます。そして，Ⅰ海運業収益からⅡ海運業費用を控除した海運業利益（または海運業損失）およびⅢその他事業収益からⅣその他事業費用を控除したその他事業利益（またはその他事業損失）をそれぞれ記載し，海運業利益（または海運業損失）とその他事業利益（またはその他事業損失）との合計を営業総利益（または営業総損失）として記載します。

図表2-4　海運企業の損益計算書（営業総利益まで）のイメージ

```
Ⅰ    海運業収益              ×××
Ⅱ    海運業費用              ×××
      海運業利益              ×××
Ⅲ    その他事業収益          ×××
Ⅳ    その他事業費用          ×××
      その他事業利益          ×××
      営業総利益              ×××
```

（注）実際の損益計算書では科目の内訳を記載します。

③ 貸借対照表

　海運企業財務諸表準則に基づく貸借対照表を一般事業会社の貸借対照表と比較すると，構成自体には大きな違いはありませんが，海運企業財務諸表準則には海運業に特有の勘定科目が例示されている点に特徴があります。海運業に特有の勘定科目には，「海運業未収金」，「繰延及び前払費用」，「代理店債権」，「海運業未払金」および「代理店債務」等があります。

　また，有形固定資産の区分において，一般事業会社が準拠する財規の「様式第五号の二」では「建物」が一番上に例示されていますが，海運企業財務諸表準則では「船舶」が一番上に例示されています。

④　附属明細表

　財規で作成を求められている明細表に加え，「海運業収益及び費用明細表」の作成が求められています。

Q2-5 鉄道業の財務諸表

鉄道業の財務諸表にはどのような特徴がありますか。

Answer Point ☝

- 鉄道業は国土交通省の管理のもとで，高い安全性と公共性が求められています。また，鉄道業の特徴として，①他社線との連絡，②事業展開の多様性，③多数の利害関係者，が挙げられます。開示においても，その特殊性から金融商品取引法に定められた別記事業としての規制があります。
- 鉄道事業者は，いわゆる一般投資家保護目的の開示だけでなく，国土交通省による経営管理目的の開示も求められています。

（1）鉄道業の特徴

　鉄道業は，高い安全性と公共性が求められる点で製造業や流通業といった他の事業とは異なっています。特に，安全性については，各鉄道事業者が負っている社会的使命と考えられ，事業者自らがその安全規範や経営課題の中で最優先すべき事項としてとらえています。さらに，公共性については，鉄道事業者の多くが民間で運営され独立採算が求められる一方で，地域に根付く公共機関として容易に事業を廃止することができないことから，安定的な運営が求められています。

　これらのことから，鉄道事業者は，「鉄道事業等の運営を適正かつ合理的なものとすることにより，輸送の安全を確保し，鉄道等の利用者の利益を保護するとともに，鉄道事業等の健全な発達を図り，もつて公共の福祉を増進することを目的」（鉄道事業法第1条）として定められた「鉄道事業法」に従い，開

業や経営計画，施設の工事や運賃の設定等に関するさまざまな規制を受けています。

　また，鉄道業の特徴として，①他社線との連絡，②事業展開の多様性，③多数の利害関係者，が挙げられます。

①　他社線との連絡

　鉄道各社は他社線への連絡や乗入れなどによって利用者の利便性を高めています。その結果，利用者から得た乗車収入を，複数会社間で精算配分する必要があります。これを連絡精算と呼び，関係する鉄道各社はお互いに連絡運輸契約を締結し，旅客連絡運輸規則に従って運用されています。2013年3月から北海道から九州までの10種類の交通系ICカードが相互利用可能となっていますが，これらのカード利用による乗車運賃の連絡精算についても，鉄道各社が共同で出資し設立した株式会社ICカード相互利用センターに，各カード事業者からICカード利用データを集約し，膨大なデータをもとに各社への配分額を計算しています。

②　事業展開の多様性

　鉄道事業者は，本業である鉄道の運行だけを業としていることは少なく，自社の沿線の利便性や魅力を高めるために，バスやタクシー，百貨店，ホテル，不動産の開発や販売，レジャー施設などの多様な事業を，グループ会社を通じて展開しています。また，近年ではオープンイノベーションの取組みが積極的に行われており，国または地方自治体との連携による事業拡大や，ベンチャー企業の育成・連携の取組みが広がっています。そのため，遵守すべき法令や規制，利害関係者も非常に多岐にわたります。

③　多数の利害関係者

　鉄道事業では，鉄道業に限定した場合でも，以下のような利害関係者が登場します。鉄道事業者はこれらの利害関係者と密接に連絡を取りながら，それぞれの取引や交渉，規制などに対応しています（図表2-5-1）。

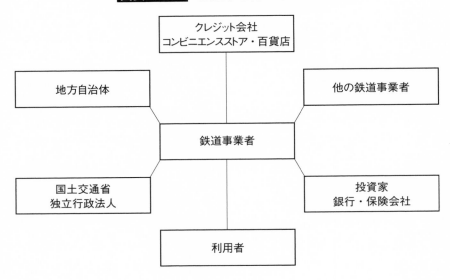

図表2-5-1 鉄道事業者と利害関係者

（2）鉄道業における開示の特徴と特殊性

　鉄道業の経営には多額の設備投資とそれに対応する資金調達を必要とし，社会的な要請に基づき地域に密着した経営が行われることから，多額の補助金を享受することが多くあります。また，複数事業者の鉄道車両が相互に乗り入れるとともに，交通系ICカードの相互利用による共通乗車・共通精算が行われるようになっています。そのため，鉄道事業者の開示においても，これらの特徴を明瞭に示すことが求められています。

① 別記事業の指定

　鉄道業は，「財務諸表等の用語，様式及び作成方法に関する規則」（以下，「財規」という）第2条において「特に法令の定めがある場合又は当該事業の所管官庁がこの規則に準じて制定した財務諸表準則」に従った開示が求められる別記事業に指定されています。

　鉄道事業者がその財務情報の開示において従うべき規則としては，所管官庁

である国土交通省が「鉄道事業法」に基づき制定した財務諸表準則である「鉄道事業会計規則」があります。なお，連結財務諸表を作成している会社のうち会計監査人設置会社は特例財務諸表提出会社とされ，単体財務諸表の開示が簡素化されていますが，別記事業を営む企業は，「鉄道事業会計規則」に基づいて開示を行っているため，簡素化の対象外とされています。

②　会計関係の規則

　「鉄道事業会計規則」には，固定資産に係る事業別の区分開示，運送費や人件費のほか一般管理費や諸税等を含んだ営業費用による原価開示といった表示に関する事項のほか，レールやまくら木等に関する取替法の適用や連絡運輸に関する収入運賃の精算基準に基づく計上などの会計処理に関する事項も規定されています。また，財規では，別記事業の所管官庁が制定した「財務諸表準則」がある場合にはその定めを適用する（財規第２条）とされているのに対して，「連結財務諸表の用語，様式及び作成方法に関する規則」（以下，「連結財規」という）ではその定めに準じて記載することができる（連結財規第46条，第68条，第69条等）とされていることから，単体財務諸表の開示は別記事業に特徴的な開示となるのに対して，連結財務諸表は他の一般事業会社と同様の開示となることが通例となっています。

　なお，財規や連結財規は金融庁が所管する開示規定ですが，鉄道事業者はこれとは別に国土交通省が所管する「鉄道事業等報告規則」に基づいて，事業報告書および鉄道事業実績報告書を提出することが毎期求められています。これは金融取引市場からの資金調達による投資家保護の目的からの要請ではなく，**（1）**に記載した安全性および公共性の観点を踏まえた国土交通省による経営管理の目的からの要請に基づく開示書類といえます。

　事業報告書の構成は，図表２-５-２のとおりです。

68

図表2-5-2　事業報告書の構成

報告書類	記載の概要
事業概況報告書	事業の概況（事業別），経営している事業（名称，職員数，営業収益構成比率），主な株主（株主名，株式数，発行済株式総数に対する割合），関係会社の状況，役員（役職，氏名，常勤非常勤の別），工事の概況（事業別に件名，施行区域や工程等，現況），鉄道事業設備投資実績（目的別の金額）
財務計算に関する諸表	鉄道事業会計規則の第5条の規定に基づく様式による財務諸表（貸借対照表，損益計算書，株主資本等変動計算書，注記表，固定資産明細表，減価償却費明細表，建設仮勘定明細表，鉄道事業営業収益明細表，鉄道事業営業費明細表，財団抵当借入金明細表，諸税明細表）

　また，鉄道事業実績報告書とは，図表2-5-3の諸表とされています。なお，当該実績報告書は，鉄道事業の種別（第1種から第3種）に応じて，必要とされる様式が異なっています（図表2-5-4参照）。

図表2-5-3　鉄道事業実績報告書の構成

事業の種別	鉄道事業実績報告書の様式
第1種鉄道事業	各表。ただし，第3号表から第6号表までは，第2種鉄道事業者に鉄道施設を使用させている場合にあっては当該第2種鉄道事業者による使用に係るものを除く。
第2種鉄道事業	各表。ただし，第7号表から第14号表までは，第1種鉄道事業者または第3種鉄道事業者が使用させている施設に係るものを除く。
第3種鉄道事業	第1号表，第2号表および第7号表から第14号表まで。ただし，第7号表から第14号表までは，第2種鉄道事業者に使用させている施設に係るものに限る。

図表2-5-4　各種様式の内容

様式	報告書類	様式	報告書類
第1号	営業収益表	第9号	踏切道及び立体交差表
第2号	役職員数及び職員給与額表	第10号	駅設備表
第3号	旅客輸送実績表	第11号	信号保安設備表
第4号	貨物輸送実績表	第12号	通信設備表
第5号	走行キロ表	第13号	変電所設備表
第6号	電力及び燃料表	第14号	電路設備表
第7号	土地及び軌道表	第15号	車両数表
第8号	トンネル及び橋りょう表		

③　その他の規則

　このほか，開示の規則とは異なりますが，国土交通省が所管する鉄道事業法には，上記「鉄道事業会計規則」や「鉄道事業等報告規則」のほかに，「輸送の安全を確保するための取組が適切であるかどうか，施設及び車両の管理及び保守並びに運転取扱いが適切であるかどうか，運輸が適正に行われているかどうか，会計の整理及び財産の管理が適確に行われているかどうかについて監査すること」（鉄道事業等監査規則第2条）を目的とした「鉄道事業等監査規則」，「鉄道の事故，事態及び災害並びに索道の事故」（鉄道事故等報告規則第1条）などに関する報告規定である「鉄道事故等報告規則」などの規定も設けられています。

Q2-6 収益性・効率性・成長性からみた鉄道業の特徴

　収益性，効率性および成長性からみた鉄道会社の財務に関する特徴について，教えてください。

Answer Point ☞

- ・他業種と比較すると鉄道事業は収益性が高い一方，効率性は低くなっています。
- ・近年の鉄道業の収益は緩やかな景気回復や訪日外国人の利用増加などに伴い増加傾向にありますが，長期的には人口減少に伴い減少することが予想されています。

解 説

（1）収益性および効率性に関する特徴

　収益性の観点から主要な経営指標について鉄道会社各社（JR 3 社：JR東日本・JR東海・JR西日本，日本民営鉄道協会に加盟している有価証券報告書提出15社（以降，大手民鉄会社）：東武鉄道・西武ホールディングス・京成電鉄・京王電鉄・小田急電鉄・東京急行電鉄・京浜急行電鉄・東京地下鉄・相鉄ホールディングス・名古屋鉄道・近鉄グループホールディングス・南海電気鉄道・京阪電ホールディングス・阪急阪神ホールディングス・西日本鉄道）と他業種を比較すると，高い収益性を誇っていることがわかります（図表 2-6-1）。

図表2-6-1　収益性に関する主要な経営指標一覧

	JR3社平均	大手民鉄15社平均	全産業平均	製造業	非製造業
売上高営業利益率（％）	20.8	10.2	6.9	6.9	6.8
自己資本利益率（％）	12.8	10.0	8.6	8.0	9.5

（出所：日本経済研究所出版社「2017年版産業別財務データハンドブック」および各社の有
　　　　価証券報告書より作成）

　これは鉄道事業というインフラ事業を営む性格上，一定の鉄道利用者による
鉄道収益を期待できること，および鉄道運賃は総括原価方式（鉄道業の経営に
必要な営業費などの費用を算出し，それに一定の利潤を加えることで鉄道運賃
の上限額を定めるもの）に基づき算出され，運賃の中に一定の利潤が含まれて
いることから，鉄道会社は安定的に利益を得ることができるためと考えられま
す。

　一方，効率性の観点から主要な経営指標について鉄道会社各社と他業種を比
較すると，効率性は劣っていることがわかります（図表2-6-2）。

図表2-6-2　効率性に関する主要な経営指標一覧

	JR3社平均	大手民鉄15社平均	全産業平均	製造業	非製造業
使用総資本営業利益率(％)	4.5	2.8	5.3	5.5	5.0
使用総資本回転率（回）(注)	0.36	0.42	0.77	0.80	0.73

（注）使用総資本回転率とは効率性を表す指標の１つで，資産額に対して売上高が何倍ある
　　　かを示す指標。回転率が高いほど，少ない資産で多くの売上を得られていることがわ
　　　かり，資産が効率的に活用されていることになる。
　　　　　使用総資本回転率＝売上高÷総資産
（出所：日本経済研究所出版社「2017年版産業別財務データハンドブック」および各社の有
　　　　価証券報告書より作成）

　これは鉄道を運行させるために多くの不動産や駅，車両，線路などといった
設備を保有しており，また，安定運行の維持や輸送改善を図るために毎年多額
の設備投資を行うことから，固定資産が多くなることに起因していると考えら
れます。

（2）成長性

　鉄道業は人口の減少や，景気動向に左右されやすいといわれています。

　近年における日本の人口は2008年をピークに減少を続けているものの，2011年に発生した東日本大震災を境に，日本経済は緩やかな景気回復基調が続いています。鉄道会社各社の営業収益に関して，JR3社と大手民鉄会社との合計の推移をみると，2011年度までは人口の減少や2008年に発生した世界金融危機などにより減少傾向にありましたが，2012年度以降は景気の回復を受けて増加傾向にあることがわかります。

図表2-6-3　JR3社と大手民鉄15社の営業収益推移

（出所：各社の有価証券報告書より作成）

　また，鉄道会社各社の営業収益を運輸事業と非運輸事業に分解すると，図表2-6-4および図表2-6-5のようになります。

　鉄道事業を中心とした運輸事業に関しては，2011年度までは減少または横ばいで推移していましたが，2012年度以降は徐々に増加していることがわかります。これは，景気の回復に加え，訪日外国人が年々増加していることが影響しているものと思われます（図表2-6-6）。ただし，長期的にみれば日本の人口は減少することが予想されており，それに応じて鉄道利用者数も減少することが見込まれていることから，今後は経営環境への影響に留意する必要があります。

　また，非運輸事業に関しては，大手民鉄会社は運輸事業と同様に，2011年度

までは減少で推移していましたが，2012年度以降は徐々に増加しています。一方，JR3社は大きな減少はなく，おおむね増加傾向にあることがわかります。これは，近年JR3社では駅ナカ事業や駅に隣接したショッピングセンター運営事業などの事業に注力していることが営業収益の増加に寄与しているものと思われます。

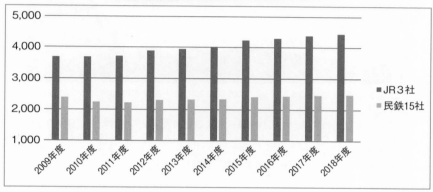

図表2-6-4　運輸事業の営業収益推移

（出所：各社の有価証券報告書より作成）

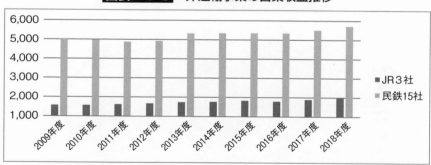

図表2-6-5　非運輸事業の営業収益推移

（出所：各社の有価証券報告書より作成）

図表2-6-6　訪日外客数の推移

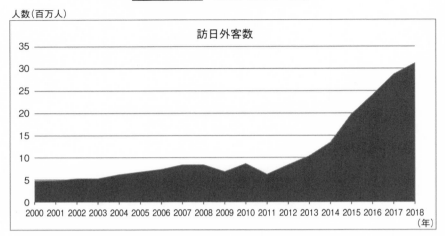

（※）訪日外客とは国籍に基づく法務省集計による外国人正規入国者から，日本を主たる居住国とする永住者等の外国人を除き，これに外国人一時上陸客等を加えた入国外国人旅行者のことである。

（出所：日本政府観光局（JNTO）訪日外客数（総数）より作成）

図表2-6-7　日本の人口推移

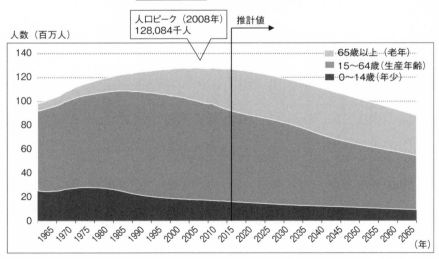

（出所：国立社会保障・人口問題研究所　日本の将来推計人口（2017年推計））

　なお，これまでに記載を行ってきた鉄道各社は，比較的人口が多く，発展している都市において営業を行っている会社であるため，比較的高い収益性・成長性を誇っていると考えられます。一方，人口が年々減少し，過疎化が問題となっているような地域を中心に営業を行っている鉄道会社については，経営環境は厳しく，多くの会社で赤字になっている状況です（図表２-６-８）。

　地域の重要なインフラ機能を担っている一方，厳しい経営環境の中，このまま営業を行い続けていくべきかという問題については，鉄道業界における今後の重要な検討課題となっています。

図表2-6-8　地域鉄道の現状

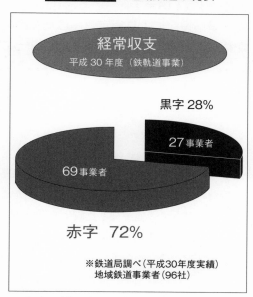

（出所：国土交通省　地域鉄道の現状）

Q2-7 安全性からみた鉄道業の特徴

安全性からみた鉄道会社の財務に関する特徴について，教えてください。

Answer Point 👆

- 設備投資に多額の資金が必要なため，他業種と比較しても有利子負債を多く抱えています。また，流動比率は低く，固定比率および負債比率が高くなっています。
- 近年では活発な設備投資により固定資産は増加傾向にありますが，有利子負債は減少傾向にあり，安全性は高まっています。

解 説

鉄道会社は，鉄道を運行させるべく不動産や駅，車両，線路などといった設備を多く保有しているため，固定資産が多く，設備投資のために多くの有利子負債を抱えています。したがって，他業種と比較すると，固定比率が高く，負債比率も高くなっています（図表2-7-1）。

また，近年では，安全性向上のためのホームドアの設置工事やバリアフリー化推進のためのエレベーターの設置工事，混雑率の緩和を目的とした駅ホームの延伸工事などの設備投資に関する需要が高まっていることから，固定資産が増加する傾向にあります（図表2-7-2）。

図表2-7-1 安全性指標一覧

	JR3社 平均	大手民鉄 15社平均	全産業 平均	製造業	非製造業
流動比率（％）（注）	82.2	52.6	145.4	155.4	132.6
固定比率（％）	230.6	302.9	144.6	120.2	179.7
負債比率（％）（注）	159.7	243.2	145.8	123.5	177.9
有利子負債額（百万円） （注）	2,063,844	586,345	128,802	101,542	161,050

（注）JR3社に含まれるJR東海において2016年度の流動資産に「中央新幹線建設資金管理信託」が14,727億円，固定負債に「中央新幹線建設長期借入金」が15,000億円含まれているが特殊要因であるため，流動比率，負債比率および有利子負債額の算出にあたっては，当該影響を除いている。

（出所：日本経済研究所出版社「2017年版産業別財務データハンドブック」および各社の有価証券報告書より作成）

図表2-7-2 JR3社と大手民鉄15社の有形固定資産の残高推移

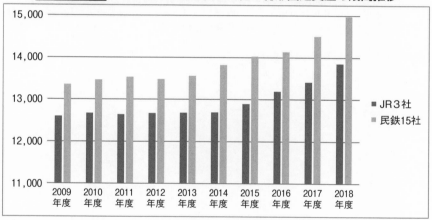

（出所：各社の有価証券報告書より作成）

　一方，有利子負債の推移を見てみると，固定資産の増加に反して減少傾向にあることがわかります（図表2-7-3）。

　これは，安全性を悪化させないために，鉄道会社各社は営業活動により得た利益を元手に設備投資を行い，余剰資金については有利子負債の返済に充ててきたためと考えられます。

図表2-7-3 JR3社と大手民鉄15社の有利子負債の残高推移

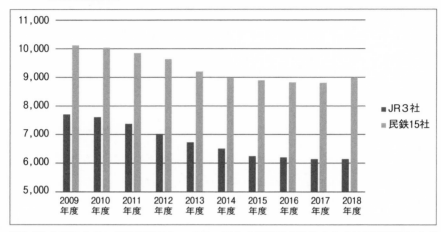

(注) JR 3 社に含まれるJR東海においてリニア中央新幹線の建設のために2016年度に 1 兆
5,000億円，2017年度に追加で 1 兆5,000億円（計 3 兆円）の長期借入を行っているが特
殊要因であるため，有利子負債の残高推移分析を行うにあたっては，当該影響を除い
ている。
(出所：各社の有価証券報告書より作成)

Q2-8　鉄道業における経営管理のポイント

鉄道業における経営管理のポイントを教えてください。

Answer Point

- 経営管理のポイントは，高い収益性を維持しながら効率性および安全性を高めることが重要になります。

　他業種と比較すると，鉄道業は高い収益性を誇る一方で，多くのインフラ設備を有することから効率性は劣り，また安全性に留意が必要であるとされています。

　そのため，鉄道会社は，高い収益率を維持しながら効率性および安全性を高めることが，経営管理上重要になります。また，これを達成すべく，短期的な利益に注視するのではなく，中長期的な経営理念を実現するために３〜５年程度の中長期経営計画を策定し，その中で目標とする経営指標を定めることが一般的です。

　鉄道会社各社の中長期経営計画で定められた目標経営指標をみると，収益性・効率性・安全性をバランスよく取り入れていた会社が多く見られます。

図表2-8 鉄道会社各社の目標とする経営指標の代表例

	収益性	効率性	安全性
JR東日本	営業収益，営業利益，営業キャッシュ・フロー	総資産営業利益率	ネット有利子負債[※1]/EBITDA[※2]倍率
東京急行電鉄	営業利益, 東急EBITDA[※3]	(参考)自己資本利益率	有利子負債/東急EBITDA倍率
東京地下鉄	キャッシュ・フロー[※4]	総資産営業利益率	純有利子負債[※1]/EBITDA[※2]倍率
京阪HD	営業利益，EBITDA[※2]	自己資本利益率	ネット有利子負債[※1]/EBITDA倍率

（※1） 有利子負債－現金・現金同等物
（※2） 営業利益＋減価償却費
（※3） 営業利益＋減価償却費＋のれん償却額＋固定資産除却費＋受取利息配当＋持分法投資損益
（※4） 当期純利益＋減価償却費
（出所：各社の中長期経営計画より作成）

Q2-9　物流業における財務上の特徴

物流業における財務上の特徴を教えてください。

Answer Point

- 物流業は，有形固定資産比率および売上原価率の高さに特徴があります。
- 上場大手５社は財務の健全性が高いことが特徴として挙げられます。

解説

（1）資産における特徴

　物流業は，貨物保管・仕分けのための倉庫や，配送のためのトラック等，事業活動を行うにあたり必要な設備が多い装置産業としての側面を有しています。図表２-９-１のとおり，上場大手５社と全産業について有形固定資産の総資産に占める割合を比較してみると，全産業平均が32.2％であるのに対して，物流業は最も割合の低い大手企業でも37.5％，最も割合の高い企業では70.4％であり，大手５社の平均は約46％と高い割合となっています。

図表2-9-1　上場大手5社の総資産に占める有形固定資産の割合

日本通運	ヤマトホールディングス	SGホールディングス	セイノーホールディングス	福山通運	全産業平均（注）
37.6%	38.2%	37.5%	47.2%	70.4%	32.2%

（注）全産業平均は東京証券取引所33業種3,200社を対象。
（出所：各社の2019年３月期の有価証券報告書より作成）

（2）負債・純資産における特徴

　上場大手５社の有利子負債比率と自己資本比率を見てみると，有利子負債比率は低く，自己資本比率は高い傾向にあります。これは，固定資産比率が高いことから財務の健全性を維持しなければならない背景があることも一因と考えられます。しかし，国内市場の停滞や競争の激化，物流のグローバル化などの経営環境の変化を鑑みると，マーケットからは，財務の健全性の維持のみではなく新たな成長分野に向けた積極的な投資を期待されているとも考えられます。

　一方で，自己資本比率の高さは資本コストの増加要因でもあるため，成長に向けた投資において自己資本とするか他人資本とするかは，検討すべき経営課題の１つともいえます。

図表2-9-2 　**上場大手５社の有利子負債比率／自己資本比率**

	日本通運	ヤマトホールディングス	SGホールディングス	セイノーホールディングス	福山通運	全産業平均（注）
有利子負債比率	76.4%	20.0%	36.9%	6.0%	34.3%	87.9%
自己資本比率	35.4%	50.4%	46.6%	63.8%	56.6%	38.2%

（注）全産業平均は東京証券取引所33業種3,200社を対象。
（出所：各社の2019年３月期の有価証券報告書より作成）

（3）損益における特徴

　物流業は，倉庫内の作業や配送トラックの運転に代表されるように，その事業活動の多くに人手を介する点で労働集約型産業の側面を有しています。これらの活動に要する人件費に加え，有形固定資産の減価償却費や燃油代，配送を他社に委託した代金などが含まれる売上原価の割合が高くなっている点も特徴に挙げられます。他の産業と比較してみると，売上原価率が全産業平均は65.2％なのに対し，上場大手５社はいずれも90％前後となっています。

図表2-9-3　2019年3月期における上場大手5社の売上高に占める売上原価の割合

日本通運	ヤマトホール ディングス	SGホール ディングス	セイノーホール ディングス	福山通運	全産業平均 （注）
91.2%	93.2%	89.6%	88.4%	90.2%	65.2%

（注）全産業平均は東京証券取引所33業種3,200社を対象。
（出所：各社の2019年 3 月期の有価証券報告書より作成）

Q2-10 物流業における管理会計上のポイント

物流業における管理会計上のポイントについて教えてください。

Answer Point 👆

- 物流業における主要なコストは，人件費，委託費，車両費であり，変動する取引量に応じた管理が必要です。
- 運送収入の各集配拠点への配分は，発着比率などによって行われることが一般的です。

解説

（1）物流業における主要なコスト

物流業における主要なコストには，人件費，委託費，車両費があります。

この中でも人件費は，通常，最も高い比率を占める費用であり，これには，正社員の給与，賞与，退職給付費用，福利費のほか，パート社員やアルバイトなどの非正規社員の人件費が含まれます。

また，委託費には傭車費や配送委託費等があります。物流業においては，貨物の集配のすべてを自社の車両でまかなうことができない，あるいは効率的でない場合が多く，一部の集配業務を外部業者へ委託する場合があります。ここで，傭車費は集配拠点間の比較的長距離の運送を委託する場合に発生する費用，配送委託費は集配拠点から配達先までの配送を委託する場合に発生する費用と整理できます。

車両費には，車両の燃料費や修繕費などが含まれます。

（2）各コストの管理方法

①　人件費

　物流業で取り扱う貨物の量は，お中元やお歳暮などによる季節的な変動だけではなく，１日の中でも時間帯によって偏りが生じる場合があります。そのため，正社員だけで集配業務のすべてに対応しようとすると，貨物の量が減少する時期や時間帯においては，正社員の稼働率が下がり，コスト面で非効率となります。

　そこで，貨物の量が増加する時期や時間帯に合わせて，パート社員やアルバイトなどの非正規社員を投入して配送したり，集配の一部を外部に委託するなどの対応が行われています。しかし，パート社員やアルバイトが多すぎるとサービス品質の低下につながるおそれがあり，ひいては追加コストの発生を伴う可能性があります。

　また，正社員に比べて非正規社員の１人当たりコストは低いというメリットはありますが，最低賃金は上昇傾向にあり，また，最近では正社員と非正規社員との賃金格差是正の動きもあります。したがって，正社員と非正規社員の人員数のバランスをとり，時期や時間帯ごとの取引単位当たりの人件費を算出して，そのバランスについて管理する必要があります。

②　委託費

　傭車費は，通常，貨物の行き先ごとに，定期便と臨時便とに区別されて料金が設定されています。また，定期便は臨時便よりも料金が低く設定されていますが，配送する貨物が少なくても契約された一定金額の傭車費が発生することが一般的です。このため，定期便と臨時便の利用割合のバランスをとることがポイントとなります。このほか，定期便と臨時便のいずれの場合であっても，一定の積載量ごとに料金が設定されていることが通常であるため，その積載率の管理を行うことも重要なポイントになります。

　配送委託費は短距離の運送を委託する場合のコストです。短距離であれば自社の車両で配送をまかなうことも比較的容易であるため，自社で配送をまかなった場合と配送を委託した場合の取引単位当たりのコストを比較し，無駄の

ないようコスト管理を行う必要があります。

③　車両費

　車両費は，主に車両の故障により発生する修繕費や車両の燃料費によって構成され，物流業において不可避的に発生するコストです。このため，人件費や委託費と比較して，その管理が難しいという特徴があります。修繕費は車両の使用期間が長くなればコストが増加することが一般的であるため，修繕にかかる費用を勘案しながら，車両を新規投資するか，既存の車両を継続的に使用するかの判断を行う必要があります。なお，燃料費はその時々の燃料価格に大きく左右されるため，燃料価格の高騰があった場合にその影響をカバーできるように，人件費や委託費，修繕費などの管理を適切に実施しておく必要があります。

（3）運送収入の荷受拠点と荷渡拠点への配分

　物流業のサービスは，貨物をある地点から他のある地点に運送するものであるため，荷受エリアの集配拠点と荷渡エリアの集配拠点の両方が存在することで成立します。このことから，採算が合わない集配拠点があったとしても，その集配拠点をすぐに閉鎖することは容易ではありません。したがって，各集配拠点の損益状況を改善するための手がかりを得ることが重要であり，これには各集配拠点の損益管理が必須となります。ここで，費用は発生拠点ごとに把握し管理することができますが，運送収入は窓口（荷受拠点）で計上されることが一般的であるため，一定の方法で運送収入を荷受拠点と荷渡拠点に配分する必要があります。

　運送収入を荷受拠点と荷渡拠点に配分する目的からすれば，運送サービスへの貢献度に応じて配分することが考えられます。この点，荷受拠点では契約を獲得するために多くの活動を行っています。このため，運送収入も荷受拠点に多く配分することが，その貢献度に応じた適切な配分方法であるとも考えられます。しかし，荷受拠点への収益配分割合を極端に多くしすぎると，荷渡拠点側における運送サービスの品質が低下するおそれがあります。また，最近では，EC市場の拡大によりBtoCの配送量が増えたことによって，再配達件数が

増加しており，荷渡拠点での発生費用は増加しています。このため，荷渡拠点
のサービス貢献度合いも大きくなっているといえます。そこで，コスト発生の
要因を分析したうえで，貨物の発着比率や配分単価の調整を行ったうえで運送
収入を配分する方法が考えられます。また，このようにすれば，荷渡拠点のイ
ンセンティブにもつながるため，運送サービスの品質の維持に寄与すると考え
られます。

Q2-11 物流業における経営管理のポイント

物流業の経営管理上のポイントについて教えてください。

Answer Point

- 物流業は，設備装置産業と労働集約型産業の両側面を有していることから，固定費部分の稼働率をいかに上げるかが重要となります。

解 説

物流業は設備装置産業および労働集約型産業の両方の側面を有していることから，経営管理上は固定費部分の稼働率をいかに上げるか，すなわち効率性を高めることが重要です。物流業の経営管理において重要と思われる経営指標には，図表2-11-1および図表2-11-2のようなものがあります。

図表2-11-1 有価証券報告書などから取得可能な情報で測定する指標

総資産利益率	・経営資源である総資産をいかに効率的に活用して利益に結びつけているかを表す指標。数字が大きいほど資産を効率的に活用して利益を出していることになる。 ・物流業では，有形固定資産比率が高く，その効率性向上が求められる。 【計算式（%）】利益÷総資産×100 ※分子の利益は，営業利益，経常利益または当期純利益が使われる。
売上高営業利益率	・営業活動の収益性が高いかを表す指標。数字が大きいほど収益性の高い経営を行っていることになる。 ・物流業では，価格競争が厳しく，その収益性向上が求められる。 【計算式（%）】営業利益÷売上高×100

労働生産性	・従業員が営業活動においてどの程度の付加価値を生み出したかを表す指標。数字が大きいほど従業員の労働生産性が高いことを表している。 ・物流業では，アルバイトなども含む従業員数が多く，その生産性向上が求められる。 【計算式】付加価値額÷従業員数 ※付加価値額の計算式：人件費＋支払利息等＋動産・不動産賃借料＋租税公課＋営業純益 ※付加価値額の計算式は複数あるが，ここでは財務省の法人企業統計の計算式を記載。
労働分配率	・会社の付加価値額に対しどれだけ人件費がかかったかを表す指標。数字が大きいほど人件費の負担が高いことを表している。 ・物流業では，アルバイトなども含む従業員数が多く，雇用形態も含めた人件費の適正さが求められる。なお，極端に労働分配率を低くすると，事故等にもつながるため留意が必要である。 【計算式（％）】人件費÷付加価値額×１００ ※付加価値額は労働生産性の項を参照。

図表2-11-2　有価証券報告書などから取得困難な情報で測定する指標

車両稼働率	・営業日数に対し，車両が何日稼働したかを表す指標。数字が大きいほど稼働率が高いことを表している。 ・物流業では，車両の稼働日数を増やすことが求められる。 【計算式】実稼働日数÷営業日数×１００ ※日数ではなく時間で計算する場合もある。
積載効率	・車両の許容積載量に対し，どの程度の積載量で実働したかを表す指標。数字が大きいほど許容積載量に近い量で車両が実働していることになる。 ・物流業では，車両に対し，貨物を効率良く積載することが求められる。 【計算式（％）】実際に積載する貨物÷許容積載量×１００ ※量の指標は，取り扱う貨物によって異なり，積載する貨物の重量，内容積，面積のいずれかを用いる。
実車率	・車両の走行キロ数のうち，実際に貨物を積載して走行したかを表す指標。この数字が大きいほど車両が収益を生む稼働をしていることになる。 ・物流業では，車両の実働を上げることが求められる。貨物を積載しない例として帰り便（配送の帰り）が挙げられる。走行ルートや荷主などの組み合わせを行い，帰り便の実働を増やす工夫が求められる。 【計算式（％）】実車キロ数÷走行キロ数×１００

人時稼働率	・勤務時間のうち，倉庫内作業員が実際に何時間倉庫内作業を行ったかを表す指標。この数字が大きいほど作業員が収益を生む稼働をしていることになる。 ・物流業では，人員の実働を上げることが求められる。 【計算式（%）】実作業時間÷勤務時間×100
人日生産性	・倉庫内作業員1人当たり，どれだけの倉庫内作業を行ったかを表す指標。この数字が大きいほど作業員の効率性が高い作業を行っていることになる。 ・物流業では，人員の作業効率を上げることが求められる。 【計算式】1日の倉庫内作業処理数÷1日の延べ作業人員数×100 ※1時間当たりの処理数量で生産性を測る場合もある。
利用率	・保管倉庫の延べ床面積のうち，どれだけの床面積が稼働したかを表す指標。この数字が大きいほど倉庫の稼働率が高いことになる。 ・物流業では，倉庫の未使用床を減らすことが求められる。 【計算式（%）】利用床面積÷述べ床面積×100 ※量の指標は，取り扱う貨物によって異なり，積載する貨物の重量，内容積，面積のいずれかを用いる。

第3章

損益計算書からみた
運輸産業の会計

第3章では，運輸産業において損益計算書に計上される収益（売上）
を中心にどのような会計処理が行われるかについて記載します。

Q3-1　収益認識に関する会計基準等の概要

2018年3月に公表された収益認識に関する会計基準の概要について教えてください。

Answer Point ☝ ⋯⋯⋯⋯⋯⋯⋯⋯⋯⋯⋯⋯⋯

- 収益認識会計基準等の公表により，収益は実現主義によるものではなく，IFRS第15号と同様に，5つのステップを踏まえて認識することとされています。
- ただし，収益認識会計基準等では，これまでわが国で行われてきた実務等に配慮し，IFRS第15号における取扱いとは別に，個別項目に対して，重要性に関する代替的な取扱いが定められています。
- 収益認識会計基準等は，2021年4月1日以後開始する年度の期首から適用されます。

解説

(1) 5つのステップを踏まえた収益の認識

わが国において，収益の認識は，企業会計原則に，「売上高は，実現主義の原則に従い，商品等の販売又は役務の給付によって実現したものに限る。」（企業会計原則 第二 損益計算書原則 三 B）とされていました。

2018年3月に公表された企業会計基準第29号「収益認識に関する会計基準」（以下，「収益認識会計基準」という）および企業会計基準適用指針第30号「収益認識に関する会計基準の適用指針」（以下，「収益認識適用指針」といい，これらを合わせて「収益認識会計基準等」という）により，収益は，IFRS第15号「顧客との契約から生じる収益」と同様に，以下の5つのステップを踏まえ

て認識することとされています。

　（ステップ1）顧客との契約を識別する。

　（ステップ2）契約における履行義務を識別する。

　（ステップ3）取引価格を算定する。

　（ステップ4）契約における履行義務に取引価格を配分する。

　（ステップ5）履行義務を充足した時にまたは充足するにつれて収益を認識
　　　　　　　　する。

　したがって，企業は，自社のビジネスを上述した5つのステップにどのように当てはめて収益を認識するのかを検討する必要があります。

　なお，収益認識会計基準等は，国内外の企業間における財務諸表の比較可能性の観点から，IFRS第15号の基本的な原則を取り入れることを出発点として，各定めが設けられていますが，これまでわが国で行われてきた実務等に配慮すべき項目については，比較可能性を損なわせない範囲で代替的な取扱いが追加されています

（2）顧客との契約の識別（ステップ1）

　「顧客」とは，対価と交換に企業の通常の営業活動により生じたアウトプットである財またはサービスを得るために当該企業と契約した当事者をいいます。また，「契約」とは，法的な強制力のある権利および義務を生じさせる複数の当事者間における取決めをいい，書面に限らず，口頭や取引慣行等によっても成立します。

　企業は，財またはサービスの移転を約束した相手先が，顧客に当たるかどうかを評価し，どの契約（契約書，取引約款，申込書，取引慣行等を含む）が，顧客との契約に当たるのかを判断することが第1ステップとなります。

（3）契約における履行義務の識別（ステップ2）

　「履行義務」とは，顧客との契約において，別個の財またはサービス，あるいは，一連の別個の財またはサービスを顧客に移転する約束をいいます。

　ステップ1で識別した契約には，たとえば，①顧客に商品Xを引き渡す約束と，②商品Xを引き渡した後2年間その保守サービスを提供する約束の，2つ

を約束している場合のように，顧客に対して複数の財またはサービスを提供する約束をしていることがあります。このような場合，この2つの約束が別個の履行義務かどうかを判断する必要があります。

　具体的には，顧客に約束した財またはサービスは，次の図表3-1に記載する2つの要件のいずれも満たす場合には，別個のもの（別個の会計単位）とされます。

図表3-1 顧客に約束した財またはサービスが別個の履行義務かどうかの判断

（要件1）	財またはサービスから単独で顧客が便益を享受することができること，あるいは，財またはサービスと顧客が容易に利用できる他の資源を組み合わせて顧客が便益を享受することができること
（要件2）	財またはサービスを顧客に移転する約束が，契約に含まれる他の約束と区分して識別できること（財またはサービスを顧客に移転する約束が契約の観点において別個のものとなること）

　（要件1）について，たとえば，企業が特定の財またはサービスを通常は独立して販売している場合，財またはサービスから単独で顧客が便益を享受することができると考えられます。

　（要件2）について，財またはサービスを顧客に移転する複数の約束が区分して識別できないことを示す要因には，たとえば，以下があるとされています。

- 財またはサービスをインプットとして使用し，契約において約束している他の財またはサービスとともに，顧客が契約した結合後のアウトプットである財またはサービスの束に統合する重要なサービスを提供していること
- 財またはサービスの1つまたは複数が，契約において約束している他の財またはサービスの1つまたは複数を著しく修正するまたは顧客仕様のものとするか，あるいは他の財またはサービスによって著しく修正されるまたは顧客仕様のものにされること
- 財またはサービスの相互依存性または相互関連性が高く，当該財またはサービスのそれぞれが，契約において約束している他の財またはサービスの1つまたは複数により著しく影響を受けること

（4）取引価格の算定および履行義務への配分（ステップ3およびステップ4）

　取引価格とは，財またはサービスの顧客への移転と交換に企業が権利を得ると見込む対価の額（ただし，第三者のために回収する額を除く）をいい，取引価格を算定する際には，変動対価，契約における重要な金融要素，顧客に支払われる対価等の影響を考慮します。また，それぞれの履行義務に対する取引価格の配分は，財またはサービスの独立販売価格の比率に基づき行います。

（5）収益の認識（ステップ5）

　収益は，顧客に財またはサービスの支配を移転することにより，履行義務を充足した時に（一時点で）または充足するにつれて（一定の期間にわたって），認識します。ここで，財またはサービスに対する支配とは，当該財またはサービスの使用を指図し，当該財またはサービスからの残りの便益のほとんどすべてを享受する能力（他の企業が財またはサービスの使用を指図して，財またはサービスから便益を享受することを妨げる能力を含む）をいいます。

①　一定の期間にわたり充足される履行義務

　次の(a)から(c)の要件のいずれかを満たす場合，財またはサービスに対する支配を顧客に一定の期間にわたり移転することにより，一定の期間にわたり履行義務を充足し収益を認識します。
- (a)　企業が顧客との契約における義務を履行するにつれて，顧客が便益を享受すること
- (b)　企業が顧客との契約における義務を履行することにより，資産が生じるまたは資産の価値が増加し，当該資産が生じるまたは当該資産の価値が増加するにつれて，顧客が当該資産を支配すること
- (c)　次の要件のいずれも満たすこと
  - 企業が顧客との契約における義務を履行することにより，別の用途に転用することができない資産が生じること
  - 企業が顧客との契約における義務の履行を完了した部分について，対価を収受する強制力のある権利を有していること

②　一時点で充足される履行義務

上記(a)から(c)の要件をいずれも満たさず，履行義務が一定期間にわたり充足されるものではない場合，一時点で充足される履行義務として，財またはサービスに対する支配を顧客に移転することにより履行義務が充足される時に収益を認識します。

財またはサービスに対する支配の顧客への移転を検討するにあたっては，たとえば，以下の指標を考慮することとされています。

- 企業が顧客に提供した資産に関する対価を収受する現在の権利を有していること
- 顧客が資産に対する法的所有権を有していること
- 企業が資産の物理的占有を移転したこと
- 顧客が資産の所有に伴う重大なリスクを負い，経済価値を享受していること
- 顧客が資産を検収したこと

（6）適用時期

収益認識会計基準等は，2021年4月1日以後開始する年度の期首から適用されます。ただし，2018年4月1日以後開始する年度の期首から適用するなどの早期適用が認められています。

Q3-2　航空業における収益の主要な構成要素

航空業における収益にはどのような取引が計上されますか。

Answer Point

- 航空業においては輸送業務を中心として，さまざまな周辺業務が
あり，航空会社の規模に応じて多様な収益が計上されます。

解　説

　航空業においては旅客輸送および貨物輸送などの航空機を用いた輸送業務が主要なサービスであり，収益の大部分を占めています。また，運航に関する付随業務として，他の航空会社からグランドハンドリング業務を受託した場合のグランドハンドリング収入や，他の航空会社の機体・エンジン等の整備業務を受託する場合の整備収入，機内で商品を販売する場合の機内販売収入，提携先へマイルを販売する場合のマイル販売収入など，航空に関連するさまざまな付随業務から収益を獲得しています。以下では主要なサービスとそれぞれの収益認識の考え方について記載していきます。

（1）旅客輸送収入・貨物輸送収入

　旅客輸送収入は，人を輸送することにより得られる収益であり，貨物輸送収入は貨物（郵便物等を含む）を輸送することにより得られる収入です。Full Service Carrier（FSC）では，旅行や出張などで個人または法人が購入する航空券や貨物輸送契約で約束される対価には，輸送運賃だけではなく燃油サーチャージや空港施設使用料などが含まれ，旅客輸送であればこれらに加えて，機内サービス，手荷物変更手数料，座席変更手数料，優先搭乗権，ラウンジサービス，マイル付与などのさまざまなサービス対価が含まれることがありま

す。また，Low Cost Carrier（LCC）では，航空券代金に含まれないサービスが多く，機内食や手荷物輸送等に関して追加で料金がかかる場合，もしくは，そもそもサービス提供していない場合もあり，航空会社・航空券ごとにその内容は異なります。

（2）グランドハンドリング収入

　航空機が空港に到着してから出発するまでの間に，さまざまなサービスにより安全な運航が保たれています。航空機の誘導業務，燃油の給油，旅客の誘導，貨物の運搬，機体点検などのサービスは総称してグランドハンドリングと呼ばれ，日々の安全な運航に寄与しています。ここで，国外航空会社が日本の空港に就航する場合や，グランドハンドリング部門を持たない国内会社の場合，他の航空会社に対してグランドハンドリング業務を委託することがあります。この場合，当該グランドハンドリング業務を受託する航空会社は，提供するサービスに対するグランドハンドリング収益を計上することとなります。

（3）整備収入

　整備部門を自社で確保することができない比較的規模の小さい航空会社は，航空機や装備品の安全性を保つため，整備工場を保有し整備を完了させる体制が整っている航空機メーカーや大手航空会社へ整備の委託を行うこととなります。この場合，整備を受託する航空会社では，整備に関する対価を委託会社から得ることができるため，整備収入を計上することとなります。なお，整備の種類については，Q4-3「航空機に係る取得後支出（整備，部品交換）」をご参照ください。

（4）マイル収入

　大手航空会社では，マイレージプログラムというポイント制度を採用していることがあります。これは，航空会社が自社のサービスを購入したプログラム会員（以下，「会員」という）に対して「マイル」というポイントを付与し，会員は当該マイルを用いて航空会社の提供するサービスに無料もしくは割引額で交換する等の特典を受けることができる制度です。

　具体的には，会員は①対象航空会社便の利用，②提携航空便の利用，③提携しているホテルや店舗等でのサービス利用や商品の購入，④提携している他社ポイントからの交換によりマイルを貯めることができます。また，会員が貯めたマイルは，特典航空券への交換，座席のアップグレード，他の電子マネーへの交換などさまざまなサービスに利用することができます。

　航空会社の立場からは，マイルに関して外部から入金を受ける場合がマイルに関する収入に該当します。この点，上記①～④はすべてマイルに関する今後の交換義務（サービス提供義務）を負うと同時に外部からの入金を伴う取引であるため（①は会員本人から，②～④は提携会社から入金を受ける），すべてマイル収入として整理されます。

　なお，マイレージプログラムの会計処理に関しては，Q3-8「航空業におけるマイレージプログラム」において詳述しているため，そちらをご参照ください。

　このように，航空会社では輸送業務をメインとしながらも，その規模や経営方針は会社ごとにさまざまであり，付随業務・周辺業務も多岐にわたります。それぞれの取引について，航空会社ごとの事情や取引背景を個別に考慮し，収益認識時点を判断する必要があります。

　なお，これらの収益を獲得するために発生する営業費用に関しては，一般的な会計処理と比較して特殊な項目は少なく，主要な営業費用についてはQ2-2「航空会社の戦略と財務諸表への影響」で説明をしています。

Q3-3 日本基準における収益の認識時点

航空業における収益認識基準について教えてください。

Answer Point

- 輸送業務に関しては，収益認識会計基準等の公表を受けて，基本的な考え方が大きく変更されています。
- 収益認識会計基準等は国際財務報告基準（International Financial Reporting Standards；IFRS）のIFRS第15号「顧客との契約から生じる収益」を基礎として作成されており，国際的な会計処理と同様の処理が求められています。

解説

　2018年3月30日に公表された収益認識会計基準等により，日本において収益認識の会計基準が初めて導入されることになりました。これらは，日本国内企業が2021年4月1日以後開始する事業年度の期首から適用すべき会計基準となります。

　この収益認識会計基準が公表される前までは，日本では収益認識に関する特段の会計基準は設けられておらず，「企業会計原則」において「商品等の販売又は役務の給付によって実現した」時点で認識するとされているのみでした（企業会計原則三 B）。この実現主義の下では「財貨の移転又は役務の提供の完了」とそれに対する現金または現金等価物の取得による「対価の成立」が要件とされ，日本の各企業はそれぞれの取引をこの実現主義に照らし合わせて収益を認識していました。航空会社の主要業務における収益認識時点の例は図表3-3-1のとおりです。

図表3-3-1 従来の航空業における収益認識時点（例）

主要な収益の種類	収益認識時点
① 旅客収入・貨物収入	原則：到着日（例外：出発日）
② ハンドリング収入	サービス提供時
③ 整備収入	整備完了時
④ マイル収入	画一的な取扱いなし（会社ごとの取引整理による） ※一般的には，決算において将来マイルと交換される商品または役務を販売費および一般管理費として見積り，引当金として負債計上しているケースが多い。

　一方，2021年４月１日以後開始する事業年度から適用が開始される収益認識会計基準では，体系化された５ステップによりすべての収益認識方法が説明されています（図表３-３-２参照）。

図表3-3-2 新しい収益認識基準の考え方

基準書の適用における5つのステップ

ステップ1 顧客との契約の識別	・収益認識の基礎は，顧客との契約 ・収益認識の対象となる契約を識別
ステップ2 契約における 履行義務の識別	・契約に含まれる履行義務を識別 ・財またはサービスが区別できる履行義務の場合には，別々に会計処理
ステップ3 取引価格の算定	・契約ごとに取引価格を算定 ・取引価格とは，契約によって約束した財またはサービスとの交換で権利を得ると見込んでいる対価の金額
ステップ4 取引価格の契約における 履行義務への配分	・取引価格を，区別できる履行義務に配分 ・関連する独立販売価格に基づいて，取引価格を区別できる履行義務に配分
ステップ5 履行義務の充足時（または 充足につれて）の収益認識	・履行義務は特定の財またはサービスに対する支配を顧客に移転した時に，履行される ・履行義務が一定の期間にわたり充足される場合，収益を一定の期間にわたり認識

　航空業において５つのステップでポイントとなるのは，「何が履行義務か」という点と，「その履行義務がいつ充足されるか（いつ収益認識するか）」という点です。

Q3-4 旅客輸送収入・貨物輸送収入に関する収益認識

輸送業務に関する収益認識はどのように変わりますか。

Answer Point ☝

- 輸送業務について，顧客との契約における履行義務が何かを把握することが重要です。
- 契約上の履行義務に応じて，収益を一時点で認識すべきか，一定の期間にわたり認識すべきかを判断することになります。

解説

　輸送業務の場合，企業は一定の箇所から他の一定の箇所までの旅客もしくは貨物の輸送義務を負い，それに対する代金（対価）を受け取ります。この一般的な取引を，上記5つのステップに当てはめて，どのように収益が認識されるのかを整理します。以下，旅客輸送を例として説明しますが，取引の整理の方法は貨物輸送でも同様です。

（1）顧客との契約の識別（ステップ1）

　「契約」とは法的な強制力のある権利および義務を生じさせる複数の当事者間における取決めを指します（収益認識会計基準第5項）。より詳細には次の①から⑤の要件のすべてを満たす顧客との契約を識別しますが（収益認識会計基準第19項），一般的に旅客輸送においては，旅客による航空券の予約が，航空会社と顧客との間で合意された運送約款に基づく契約になると考えられます。

①　当事者が，書面，口頭，取引慣行等により契約を承認し，それぞれの義務の履行を約束していること

② 移転される財またはサービスに関する各当事者の権利を識別できること

③ 移転される財またはサービスの支払条件を識別できること

④ 契約に経済的実質があること（すなわち，契約の結果として，企業の将来キャッシュ・フローのリスク，時期または金額が変動すると見込まれること）

⑤ 顧客に移転する財またはサービスと交換に企業が権利を得ることとなる対価を回収する可能性が高いこと

　　当該対価を回収する可能性の評価にあたっては，対価の支払期限到来時における顧客が支払う意思と能力を考慮する（収益認識適用指針［設例2]）。

（2）契約における履行義務の識別（ステップ2）

① 別個の財またはサービス（Q3-1の図表3-1参照）

　自社のWebサイトを通じて，航空会社が直接旅客に対して自社便の航空券を販売する契約を想定した場合，旅客から受け取る航空券代金には旅客輸送代金のみならず，他のさまざまなサービスを受ける権利等も含まれていることがあります。たとえば，FSCの場合，預ける手荷物は一定数・重量以下であれば，追加の料金なしで輸送してもらうことができますし，国際線の場合は無料で機内食の提供を受けることもできます。また，マイレージクラブ会員にはマイルが付与され，将来他のサービスへの交換ができます。一方，LCCでは航空券代金に含まれないサービスが多く，そのようなサービスを受けるためには追加で料金を支払う必要がある場合や，もしくは，そもそもサービス提供していない場合もあり，航空会社・航空券ごとにその内容は異なります。

　航空会社の収益認識を考えるうえで，航空券代金に含まれる，もしくは，追加で料金を支払う上記のような付随サービスが，旅客輸送サービスと「別個の財またはサービス」として考えられるか否かを判定する必要があります。たとえば，無料の手荷物運搬や機内食に関して，メインとなる旅客輸送サービスと相互依存性または相互関連性が高く，契約の観点から別個の財またはサービスとはいえないと判断するのであれば，旅客輸送サービスと区分せずに一体として1つの「別個の財またはサービス」を構成し，この単位を履行義務として識別することになります（収益認識会計基準第34項(2)，収益認識適用指針第6項

(3))。

　一方で，マイルに関しては，通常，メインとなる旅客輸送サービスとの相互依存性または相互関連性は高くなく，それを一定数貯めることで，将来において無償の旅客輸送サービス，座席のアップグレード，他社ポイントへの交換等が可能となる「追加の財またはサービスを取得する重要なオプション」を旅客へ付与するものであると考えられるため，旅客輸送サービスとは区分された「別個の財またはサービス」として取り扱い，この単位を履行義務として識別することになります（収益認識適用指針第48項）。

② 契約変更

　また，航空券代金に追加して支払う座席のアップグレード代金や超過手荷物料金等は，別個の財またはサービスを追加するものではなく，独立した契約とは判断しない場合は，契約の変更として判断し，既存の契約の一部を構成するものとして取り扱うべきと考えられます（収益認識会計基準第30項，第31項(2)）。

　有償または無償で付帯するサービスとして，上記以外にもラウンジ利用，Wi-Fi利用等がありますので，それぞれを上記のように航空輸送サービスと別個の財またはサービスとして取り扱うか否かの判定を行う必要があります。

　このように識別された履行義務は，次の取引価格配分の過程を経て，それぞれの履行義務が充足されるに従って収益認識されます。

【ステップ2で識別された代表的な履行義務の例】

(a) 旅客輸送
(b) マイルの交換

　なお，契約変更とは，「契約の当事者が承認した契約の範囲又は価格（あるいはその両方）の変更であり，契約の当事者が，契約の当事者の強制力のある権利及び義務を新たに生じさせる変更又は既存の強制力のある権利及び義務を変化させる変更を承認した場合に生じるもの」とされています（収益認識会計基準第28項）。契約の変更として判断された場合の会計処理は，図表3-4-1のとおりです。

図表3-4-1　契約変更の場合の会計処理方法

会計処理	要　件	基　準
①独立した契約として処理	次の(1)および(2)の要件のいずれも満たす場合 (1)　別個の財またはサービスの追加により，契約の範囲が拡大されること (2)　変更される契約の価格が，追加的に約束した財またはサービスに対する独立販売価格に特定の契約の状況に基づく適切な調整を加えた金額分だけ増額されること	基準第30項
②既存の契約を解約して新しい契約を締結したものと仮定して処理	未だ移転していない財またはサービスが契約変更日以前に移転した財またはサービスと別個のものである場合	基準第31項(1)
③既存の契約の一部であると仮定して処理	未だ移転していない財またはサービスが契約変更日以前に移転した財またはサービスと別個のものではなく，契約変更日において部分的に充足されている単一の履行義務の一部を構成する場合	基準第31項(2)
④契約変更が変更後の契約における未充足の履行義務に与える影響を，それぞれ②または③の方法に基づき処理	未だ移転していない財またはサービスが②と③の両方を含む場合	基準第31項(3)

※契約変更が①の要件を満たさず，独立した契約として処理されない場合には，契約変更日において未だ移転していない財またはサービスについて，②から④のいずれかの方法により処理することになる。

（3）取引価格の算定（ステップ3）

　取引価格は，顧客から受け取る対価の額であり，旅客輸送の場合は航空券代金が該当します。取引価格は次のステップ４で各履行義務に配分されるため，算定する必要があります。

　ここで，第三者のために回収する額は取引価格に含まれないため，取引価格を算定するにあたっては控除する必要があります（収益認識会計基準第８項）。

これには，たとえば，その利用者が空港に対して支払わなければならない料金（「空港税」や「空港施設利用料」などさまざまなものがあります（以下，「空港税等」という））が該当します。多くの場合，航空会社が空港税等の徴収を空港に代わって実施しており，顧客は直接空港に対して代金を支払うことはありません。また，航空会社は各空港から徴収に係る手数料を別途収受しており，顧客からは手数料は取りません。すなわち，航空会社と旅客の二者間の関係で見た場合，空港税等は航空会社が旅客に対して提供するサービスではなく，空港という第三者のために回収する料金であるため，取引価格から控除する必要があります。

（4）取引価格の契約における履行義務への配分（ステップ4）

ここでは，上記ステップ3で算定された取引価格を，ステップ2で識別された履行義務に配分します。この配分はそれぞれの履行義務に含まれるサービスの独立販売価格の比率に基づいて行われます（収益認識会計基準第66項）。

これは1つの契約に複数の財またはサービスを提供する約束が含まれている場合，1つの財またはサービスに対して，その戦略上あえて高い値段で販売する場合やあえて低い値段で販売する場合が存在し，実際の契約で記載されている価格が本来その財・サービスのみを販売した場合に受け取ることができる対価（これを「独立販売価格」といいます。同第9項）とかい離する場合があるからです。

仮に歪んだ価格で「取引価格」を履行義務へ配分した場合，その履行義務は適切な価値を表現せず，収益認識が歪められてしまうことから，このような手順を踏むこととなりました。ただし，実際の取引では契約価格（表面価格）と独立販売価格が一致する場合も多いと考えられます。

航空券代金の場合，上記（ステップ1）のように「旅客輸送（付帯サービスを含む）」と「マイルの付与」が含まれると考えた場合は，それぞれの履行義務の適切な対価を算出するため，それぞれの独立販売価格を算出する必要があります。この時，実際には単独でその財またはサービスを販売する取引が存在しない場合など，独立販売価格を簡単にとらえることができない場合も考えられますが，その場合には独立販売価格を見積る必要があります（同第69項）。

見積りの方法は「調整した市場評価アプローチ」,「予想コストに利益相当額を加算するアプローチ」,「残余アプローチ」の３種類の方法が例示されており（収益認識適用指針第31項, 図表３−４−２）, 企業の実態に即した方法を採用する必要があります。

　なお, 当該マイルの独立販売価格の算出についてはＱ３−８「航空業におけるマイレージプログラム」を参照してください。

図表3-4-2　独立販売価格の見積方法（収益認識適用指針第31項）

手　法	内　容	備　考
(1) 調整した市場評価アプローチ	財またはサービスが販売される市場を評価して, 顧客が支払うと見込まれる価格を見積る方法	
(2) 予想コストに利益相当額を加算するアプローチ	履行義務を充足するために発生するコストを見積り, 当該財またはサービスの適切な利益相当額を加算する方法	
(3) 残余アプローチ	契約における取引価格の総額から契約において約束した他の財またはサービスについて観察可能な独立販売価格の合計額を控除して見積る方法	次の①または②のいずれかに該当する場合に使用可。①同一の財またはサービスを異なる顧客に同時またはほぼ同時に幅広い価格帯で販売していること②当該財またはサービスの価格を企業が未だ設定しておらず, 当該財またはサービスを独立して販売したことがないこと

（5）履行義務の充足時の収益認識（ステップ5）

　最後に, それぞれの履行義務が充足される時点が,「一定の期間にわたり」なのか「一時点」なのかにより, 収益計上するタイミングと金額が異なります。収益認識会計基準では, 履行義務が「一定の期間にわたり」充足されない場合

に,「一時点」として充足されるとして整理されています。なお,「一定の期間
にわたり」および「一時点（で）」充足される履行義務については,Q3-1「収
益認識に関する会計基準等の概要」（5）①②を参照してください（収益認識
会計基準第38項～第40項）。

① 旅客輸送の履行義務充足時点

たとえば,企業が顧客との間で,旅客をA空港からB空港まで輸送する契約
を締結し,当該輸送業務が1つの履行義務として識別されたとします。契約に
照らして検討した結果,航空会社が旅客を途中までしか輸送できず,その後の
輸送を他の企業に引き継いだ場合,輸送を引き継いだ企業がA空港から途中ま
での輸送を改めてやり直す必要はなく,顧客はすでに輸送が完了した区間の輸
送サービスに対する便益を享受していると判断される場合は,「企業が顧客と
の契約における義務を履行するにつれて,顧客が便益を享受すること」に該当
し,当該履行義務に対して一定の期間（輸送期間）にわたり収益を認識するこ
ととなります。

また,輸送サービスの性質上,輸送した区間に応じて旅客は便益を享受する
ことができるわけではないと判断される場合には,旅客を目的地であるB空港
に輸送完了した時点（一時点）で履行義務を充足することになるため,輸送完
了時に収益を認識することとなります。

旅客輸送の履行義務の充足時点については,旅客との間の契約内容,取引実
態を勘案して慎重に判断する必要があります。

② マイルの履行義務充足時点

マイルに関しては,顧客がマイルを使用する意思表示をし,マイルの交換対
象となったサービスを航空会社が提供した時点で履行義務が充足され,収益と
して認識します。すなわち,マイルが使用されるまではマイルに関する履行義
務は充足されていないため,マイルを付与した時点では収益認識を行うことは
できず,契約負債として繰延処理する必要があります。この点は,従来の日本
基準と大きく異なる点であり,Q3-8「航空業におけるマイレージプログラ
ム」で詳述しています。

Q3-5 グランドハンドリング収入に関する収益認識

グランドハンドリング業務に関する収益認識はどのように変わりますか。

Answer Point

- 顧客との契約内容によりますが，グランドハンドリングサービスを提供している期間にわたり収益を認識することが考えられます。
- すでに履行したグランドハンドリングサービスを月次で請求する場合などは，原則的な収益認識方法と差異はないため，請求月にまとめて収益認識することが実務上認められる可能性があります。

解説

（1）グランドハンドリング業務における履行義務の識別

ステップ２のグランドハンドリング業務における「履行義務の識別」は下記の手順で行います。グランドハンドリング業務を航空会社が受託する場合（受託会社），顧客となる他の航空会社（委託会社）との契約により，グランドハンドリング業務の範囲が明確化されます。グランドハンドリング業務にも既述のとおりさまざまな業務が含まれますが，それぞれの契約のグランドハンドリング業務について収益認識会計基準第32項から第34項への当てはめを行い，履行義務の識別を行います。

たとえば，「旅客搭乗関連業務」と「ランプ関連業務」の２種類が委託契約として定められている場合を考えてみると，それぞれのサービスから単独で顧

客が便益を享受することができ（収益認識会計基準第34項(1)），かつ，それぞれのサービスが契約に含まれる他の約束と区分して識別できる場合には（同第34項(2)），「旅客搭乗関連業務」と「ランプ関連業務」は「別個の財またはサービス」として識別され，当該業務を顧客に移転する約束を「履行義務」として識別することとなります。

　履行義務の識別のステップでは，契約上どのように取引価格が設定されているかは考慮されず，契約上どのような財またはサービスを顧客に移転する約束としているかのみを考慮することに留意が必要です。

　この点，契約を履行するための活動（例：サービスを提供する企業が契約管理活動を行う場合）は，当該活動により財またはサービスが顧客に移転する場合を除き，履行義務ではないとされています（収益認識適用指針第4項）。

（2）グランドハンドリング業務における履行義務の充足

　ステップ3の「取引価格の算定」や，ステップ4の「取引価格の履行義務への配分」は，輸送業務と同様に考える必要がありますが，ここでは割愛し，ステップ5の「履行義務の充足」を考えます。グランドハンドリング業務は，通常，そのサービス提供と同時に顧客が便益を享受する場合が多いと考えられます。すなわち，Q3-4「旅客輸送収入・貨物輸送収入に関する収益認識」の場合と同様に，グランドハンドリング契約において識別された履行義務が，「仮に他の企業が顧客に対する残存履行義務を充足する場合に，企業が現在までに完了した作業を当該他の企業が大幅にやり直す必要がない」と判断される場合には（収益認識適用指針第9項），「企業が顧客との契約における義務を履行するにつれて，顧客が便益を享受すること」に当てはまるため（収益認識会計基準第38項(1)），「一定の期間にわたり充足される履行義務」と判断されます。

　ただし，グランドハンドリング業務は通常その日のうちに業務が完了することが多く，収益認識の時点が「一定の期間にわたり」か「一時点」かによって財務諸表に与える影響は通常大きくなく，すでに履行したグランドハンドリングサービスを月次で請求する場合などは，原則的な収益認識方法と差異はないため，請求月にまとめて収益認識することが実務上認められる可能性があります。

Q3-6　整備収入に関する収益認識

整備業務に関する収益認識はどのように変わりますか。

Answer Point ☝

- 契約ごとに「履行義務」を慎重に識別する必要があります。
- 「履行義務」が一定期間にわたり充足される場合には，インプット法もしくはアウトプット法を用いて，履行義務の充足に係る進捗度を見積ります。

　整備機能を持つ航空会社が他の航空会社の整備を引き受ける場合，どのような内容の契約を締結するかは当事者間の取決めに依存するため，一概には整備に関する履行義務を説明することはできません。たとえば，航空機の部品代や人件費などの整備に関連して実際に発生した整備コストを基礎に顧客に請求する契約，フライト時間に応じた整備代金を顧客に請求する契約，当該整備代金を固定金額として事前に合意し顧客に請求する契約など，さまざまな形態があります。また，整備完了後の納品をもって請求権が発生する契約，整備士の作業時間ベースでの請求が可能な契約など，債権債務の発生に関しても契約ごとに異なることが想定されます。

　上記のとおり，さまざまな形態の契約が存在すると考えられますが，整備業務について，部品代や人件費などの整備に関連して実際に発生した整備コストを基礎に顧客に請求する請負契約として締結している場合を考えてみます。

　当該整備業務について，そのサービスが対象となる顧客の航空機やエンジンにのみ帰属し，整備業務を実施している企業が別の用途に転用できる財またはサービスを生じさせるものではないと判断する場合は，収益認識会計基準第38

項(3)①を満たすと考えられます（図表3-6-1参照）。これに加えて，契約上整備を完了した部分についての請求権がある場合には，義務の履行を完了した部分について対価を収受する強制力のある権利を有していると判断できるため，同第38項(3)②を満たすと考えられます（図表3-6-1参照）。

　このように，同第38項(3)①と②のいずれにも当てはまるのであれば，一定の期間にわたり充足される履行義務の要件を満たします。ここでの同第38項(3)②における強制力のある権利とは契約条件に限らず，関連する法律も考慮します（収益認識適用指針第11項，第13項）。また，途中で契約が解約された際に履行した義務に対する補償として受け取る対価は「販売価格相当額」である必要があります（同第12項）。

図表3-6-1 「別の用途に転用」・「対価を収受する強制力のある権利」に関する判定（収益認識適用指針第10項，第11項）

資産を別の用途に転用することができない場合	履行するにつれて生じる資産または価値が増加する資産を別の用途に容易に使用することが契約上制限されている場合
	完成した資産を別の用途に容易に使用することが実務上制約されている場合
履行を完了した部分について対価を収受する強制力のある権利を有している場合	契約期間にわたり，企業が履行しなかったこと以外の理由で契約が解約される際に，少なくとも履行を完了した部分についての補償を受ける権利を有している場合

　ステップ3の「取引価格の算定」や，ステップ4の「取引価格の履行義務への配分」は，Q3-4「旅客輸送収入・貨物輸送収入に関する収益認識」と同様にここでは割愛し，ステップ5の「履行義務の充足」を考えます。

　上記ステップ2「履行義務の識別」での検討により，ステップ5の「履行義務の充足」はおおむね検討されていることとなります。すなわち，対象となる履行義務が収益認識会計基準第38項(1)〜(3)のいずれかを満たすと判断される場合には，「一定期間にわたり」履行義務は充足されます。一方で，対象となる履行義務が同第38項(1)〜(3)のいずれも満たさないと判断された場合には，「一時点」で履行義務は充足されます。この場合の一時点は，契約に従って，財またはサービスに対する支配を顧客に移転した時点（たとえば納品時や検収時）となります。

「一定期間にわたり」履行義務が充足される場合には，以下に当てはめて各事業年度に計上すべき収益の金額を検討する必要があります。

- 履行義務の充足に係る進捗度を見積り，当該進捗度に基づき収益を一定の期間にわたり認識する（収益認識会計基準第41項）。
- 単一の方法で履行義務の充足に係る進捗度を見積り，類似の履行義務および状況に首尾一貫した方法を適用する（収益認識会計基準第42項）。
- 履行義務の充足に係る進捗度は，各決算日に見直し，当該進捗度の見積りを変更する場合は，会計上の見積りの変更として処理する（収益認識会計基準第43項）。
- 履行義務の充足に係る進捗度を合理的に見積ることができる場合にのみ，一定の期間にわたり充足される履行義務について収益を認識する（収益認識会計基準第44項）。
- 履行義務の充足に係る進捗度を合理的に見積ることができないが，当該履行義務を充足する際に発生する費用を回収することが見込まれる場合には，履行義務の充足に係る進捗度を合理的に見積ることができる時まで，一定の期間にわたり充足される履行義務について原価回収基準により処理する（収益認識会計基準第45項）。

収益認識会計基準第41項に記載のとおり，「一定の期間にわたり」収益を認識する場合には，履行義務の充足に係る進捗度を見積り，その進捗度に基づき収益を認識する必要があります。また，同第42項では進捗度の見積りは1つの方法のみによる必要があり，かつ，類似の履行義務に関しては首尾一貫した方法を適用することが求められています。

したがって，受託している整備の種類ごとに何を進捗度の指標とするか，また，それぞれの取決めが理論的に首尾一貫しているかどうかについてあらかじめ整理を行い，一度採用した方針は原則として変更せずに毎期収益を認識することとなります。履行義務の充足に係る進捗度の見積方法としては「アウトプット法」と「インプット法」があり（収益認識適用指針第123項〜第125項，図表3-6-2），一般的には，整備の進捗度の見積りについて，当初の見積りコスト総額に対して，その時点でどれだけのコストが実際に発生しているかの

割合を用いた「インプット法」を採用することができる場合、従来日本基準でも認められてきた工事進行基準と類似した考え方による会計処理となります。

　なお、「一定の期間にわたり」収益を認識すると判断された場合でも、進捗度を合理的に見積ることができない場合が考えられます。この場合、履行義務を充足する際に発生する費用が回収できると見込まれる場合には、進捗度を合理的に見積ることができる時まで、発生した費用と同額の収益を計上する「原価回収基準」によって収益認識することが定められています（同第45項）。ここで、進捗度を合理的に見積ることができない場合とは、進捗度を適切に見積るための信頼性のある情報が不足している場合であり（収益認識会計基準第139項）、個別事例ごとに検討を行う必要があります。

図表3-6-2 アウトプット法・インプット法の定義・指標・欠点

	定　義	指　標	欠　点
アウトプット法	現在までに移転した財またはサービスの顧客にとっての価値を直接的に見積るものであり、現在までに移転した財またはサービスと契約において約束した残りの財またはサービスとの比率に基づき、収益を認識するもの（指針第17項）	現在までに履行を完了した部分の調査、達成した成果の評価、達成したマイルストーン、経過期間、生産単位数,引渡単位数(※1)等（指針第17項）	履行義務の充足に係る進捗度を見積るために使用されるアウトプットが直接的に観察できない場合があり、過大なコストを掛けないとアウトプット法の適用に必要な情報が利用できない場合があること（指針第123項）
インプット法	履行義務の充足に使用されたインプットが契約における取引開始日から履行義務を完全に充足するまでに予想されるインプット合計に占める割合に基づき、収益を認識するもの（指針第20項）	消費した資源、発生した労働時間、発生したコスト、経過期間、機械使用時間等（指針第20項）	インプットと財またはサービスに対する支配の顧客への移転との間に直接的な関係がない場合があること(※2)（指針第125項）

（※1） 生産単位数または引渡単位数に基づくアウトプット法は、顧客が支配する仕掛品がアウトプットの見積りに含まれないため、当該仕掛品が契約または財務諸表全体のいずれかに対して重要性がある場合には、企業の履行を忠実に描写していない（収益認識適用指針第124項）。

（※2） 例示として、履行義務を充足するために生じた想定外の金額の材料費、労務費または他の資源の仕損のコストが挙げられており、これらのコストは契約の価格に反映されていない著しく非効率な企業の履行に起因して発生したコストであるため、当該コストに対応する収益は認識しない（収益認識適用指針第125項）。

Q3-7　航空業における本人と代理人の区分

本人と代理人の区分とは何ですか。航空業においてはどのような論点がありますか。

Answer Point 👆

- 対価を収受する企業が「本人」としてその取引を実施している場合には，売上と売上原価を相殺せずに対価の総額で収益を認識します。
- 一方，対価を収受する企業が「代理人」としてその取引を実施している場合には，売上と売上原価を相殺し，相殺後の純額で収益を認識します。

解説

日本基準では従来，収益の認識方法に関して，「本人」か「代理人」かを判断する規定はありませんでしたが，IFRS第15号をベースに作成された収益認識会計基準等では，取引に対して本人もしくは代理人のいずれとして行動しているかに基づいた収益の認識方法を示しています（収益認識適用指針第39項〜第47項）。すなわち，各取引において企業が「本人」に該当すると判断された場合には，売上と売上原価を相殺せずに対価の総額で収益を認識し，「代理人」に該当すると判断された場合には，売上と売上原価を相殺し，相殺後の純額で収益を認識します。

（1）航空業における収益の区分

航空会社においては，Ｑ３-２「航空業における収益の主要な構成要素」で紹介したように，旅客・貨物輸送業務のみならず，グランドハンドリング業務，

整備業務等さまざまな取引を行っています。一般的に，航空会社においては自社が契約当事者となってこれらのサービス提供等を行っていると考えられるため，取引の多くは本人として行っている取引，すなわち総額で売上高を認識すべきものと考えられます。

　一方，とりわけ大手航空会社においては，顧客の利便性の観点からいずれかのアライアンス（たとえば，全日本空輸株式会社が所属するStar Allianceや日本航空株式会社が所属するOne World等の航空会社連盟）に属し，他の航空会社と共同で収益を獲得しているケースがあります。

　以下では，一般的な輸送業務について，旅客輸送を例として本人取引か代理人取引かの区分を検討していきます。なお，取引の整理の方法は貨物輸送も同様です。

　旅客輸送事業では通常，企業は自らの資源（航空機，人件費，燃油費等）を用いて運航を行い，同時に自らの責任の下で輸送業務を提供していることから，旅客輸送取引は本人取引になると考えられます。一方，他の航空会社が提供する輸送区間もまとめて発券している場合，すべての旅程の発券および代金回収は自社で行うものの，実際の運航は各社が別々で行うことがあります。この場合には，当該取引を構成する履行義務が本人として行われたものであるか代理人として行われたものであるかを検討する必要があります。

　なお，顧客への財またはサービスの提供に他の当事者が関与している場合，財またはサービスが顧客に提供される前に企業が当該財またはサービスを支配しているときには，企業は本人に該当するとされており（収益認識適用指針第43項），企業が本人に該当することの評価に際して，企業が財またはサービスを顧客に提供する前に支配しているかどうかを判定するにあたっては，たとえば，図表3-7-1の(1)から(3)の指標を考慮することが定められています（収益認識適用指針第47項）。

図表3-7-1　企業が財またはサービスを顧客への提供前に支配しているかどうかの判定

(1)　企業が当該財またはサービスを提供するという約束の履行に対して主たる責任を有していること	・これには，通常，財またはサービスの受入可能性に対する責任（たとえば，財またはサービスが顧客の仕様を満たしていることについての主たる責任）が含まれる。 ・企業が財またはサービスを提供するという約束の履行に対して主たる責任を有している場合には，当該財またはサービスの提供に関与する他の当事者が代理人として行動していることを示す可能性がある。	第47項(1)
(2)　当該財またはサービスが顧客に提供される前，あるいは当該財またはサービスに対する支配が顧客に移転した後（たとえば，顧客が返品権を有している場合）において，企業が在庫リスクを有していること	顧客との契約を獲得する前に，企業が財またはサービスを獲得する場合あるいは獲得することを約束する場合には，当該財またはサービスが顧客に提供される前に，企業が当該財またはサービスの使用を指図し，当該財またはサービスからの残りの便益のほとんどすべてを享受する能力を有していることを示す可能性がある。	第47項(2)
(3)　当該財またはサービスの価格の設定において企業が裁量権を有していること	・財またはサービスに対して顧客が支払う価格を企業が設定している場合には，企業が当該財またはサービスの使用を指図し，当該財またはサービスからの残りの便益のほとんどすべてを享受する能力を有していることを示す可能性がある。 ・ただし，代理人が価格の設定における裁量権を有している場合もある。たとえば，代理人は，財またはサービスが他の当事者によって提供されるように手配するサービスから追加的な収益を生み出すために，価格の設定について一定の裁量権を有している場合がある。	第47項(3)

たとえば，図表3-7-2のように航空会社A社に対して，日本のX地点から海外のZ地点までの航空券を予約する場合を考えてみましょう。

図表3-7-2 旅客輸送事業の収益表示図解

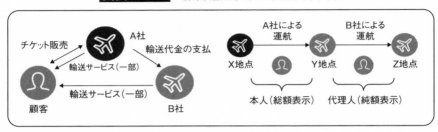

顧客が目的地であるZ地点へ移動するにあたり，A社の航空便を利用して最寄りのY地点まで移動した後，Y地点からZ地点までの移動には別の航空会社B社の航空便を利用して移動すると仮定します。また，X地点からZ地点までの航空券代金はA社が一括して受領すると仮定します。このような取引においては，顧客に対してA社が提供する履行義務は，通常，A社航空便サービスとB社航空便サービスの2種類が存在すると考えられ，それぞれについてA社が本人か代理人かのいずれの立場として行動しているかが論点となります。

まず，A社航空便については，A社は自社が調達した航空機を用いて顧客をX地点からY地点まで輸送しています。顧客に対しては当該サービスを提供する「主たる責任」はA社にある点（収益認識適用指針第47項(1)），空席が出てしまった場合にはA社はその分のコストを回収できないことから，「在庫リスク」はA社にある点（同第47項(2)），輸送サービスの「価格裁量権」はA社が有している点（同第47項(3)）から判断すると，通常はA社航空便の運航に関してA社は「本人」に該当し，売上と売上原価を相殺せずに総額で収益認識することとなります。

一方，B社航空便については，A社はA社航空便も含めた全体での航空券の発券手続や全体の代金回収などは行うものの，B社によるY地点からZ地点への運航には携わらず，すべてB社が輸送業務を実施します。この点，収益認識適用指針第47項(1)〜(3)に当てはめると，B社航空便についてA社は，その運航

業務に対して「主たる責任」を有しておらず（同第47項(1)），空席であったと
してもその費用負担はないことから「在庫リスク」はなく（同第47項(2)），また，
B社運航区間であるため「価格裁量権」も有していない可能性があります（同
第47項(3)）。このように判断される場合は，B社運航便に関してA社は「代理人」
に該当し，B社から受け取る手数料部分のみ，もしくは，売上と売上原価を相
殺した純額で収益認識することとなります。

Q3-8 航空業におけるマイレージプログラム

航空業においてマイレージプログラムを採用している場合，収益認識会計基準が導入されることによる影響はありますか。

Answer Point ☝ ·············

- マイレージプログラムについて，将来見込まれる償還費用をマイルの付与時に引当計上する会計処理を採用していた場合，これが収益認識会計基準の適用により認められなくなります。
- 付与したマイルについては，「契約負債」を計上することにより売上の一部が繰延処理されます。

(1) マイレージプログラムの概要

マイレージプログラムは，航空会社が自社のサービスを購入したプログラム会員（以下，「会員」という）に対して「マイル」というポイントを付与し，会員は当該マイルを用いて航空会社の提供するサービスに無料もしくは割引額で交換することができる等の特典を受けることができる制度です。

航空会社はマイルを会員に対して付与することで，次回以降も会員が自社のサービスを利用するためのインセンティブを与えています。大手のアライアンス（Star Alliance，One World，Sky Teamなどの航空会社連盟）では，グループへの加盟にあたって，マイレージプログラムを運営していることを条件としていますが，マイレージプログラムの運営にはコストがかかるため，新興航空会社や低価格の航空運賃を売りにするLCCにおいては，マイレージプログラムを運営していない会社が多い状況です。

（2）マイレージプログラムの会計処理

　日本においては，収益認識会計基準が公表されるまで，マイレージプログラムに関する会計処理を具体的に規定した会計基準は存在しませんでした。それまでは，2009（平成21）年7月に日本公認会計士協会より公表された会計制度委員会研究報告第13号「我が国の収益認識に関する研究報告（中間報告）―IAS第18号「収益」に照らした考察―」（以下，「中間報告」という）においてポイント引当金に係る会計処理につき言及されており，マイレージプログラムはそれを準用する形で整理されていました。

　中間報告では，以下の2通りが示されています。

① 付与したポイントと商品や役務との将来の交換を，そのポイントを付与する元となった当初売上取引の構成要素として取り扱わず，むしろ顧客（「会員」が該当する）への商品または役務の販売促進に資する別個の取引とする考え方（以下，「方法①」という）

② 付与したポイントと商品や役務との将来の交換を，そのポイントを付与する元となった当初売上取引において，値引きやリベートと同様に考慮すべき販売条件の1つとしてとらえる考え方（以下，「方法②」という）

　方法①は，マイルが将来使用された際に企業が追加で負担しなければならないと見込まれる将来の費用もしくは損失を現時点の負債として認識する方法です。すなわち，引当金と同様の会計処理がなされることになり，負債金額は一般的には原価を基礎として測定されるものと考えられます。一方で方法②は，航空券等を販売した時点で付与したマイルについても対価を得ているととらえ，マイル部分については財またはサービスを提供した時点まで売上高を繰り延べる方法です（繰延収益として負債を認識する）。この場合，負債金額は販売価格を基礎として測定されます。

　なお，日本においては上述の研究報告でも述べられているように，一般的に方法①を採用している企業が多いと考えられます。以下，参考として，収益認識会計基準が適用されるまでに日本企業が方法①により，どのような会計処理を行っていたかを紹介し，その後，収益認識会計基準やIFRS第15号で求められる方法②の会計処理を紹介します。

① 従来の日本企業における会計処理【方法①を採用した場合】

　方法①では，マイルの付与を販売促進取引とみなし，将来それらがサービスに交換された際に生じる費用額を負債として認識します（図表3−8−1）。したがって，負債額は，次の両者を乗じて見積られることになります。

　(a)　各サービスの交換予想マイル数
　(b)　各サービスの1マイル当たり費用

　この見積計算にあたっては特に，(a)に関する「失効率」の見積りと，(b)に関する「費用の範囲」の決定が重要になります。

　(a)に関して，航空会社のマイレージプログラムは交換に要する最低必要マイル数が高く設定されていることから，期末時点におけるマイル残高のすべてが将来交換されることはなく，一部のマイル数は失効します。そのため，航空会社が将来負うと想定される費用は実際に交換されると予測されるマイルの交換で生じる範囲に限定されるため，付与したマイルに関する「失効率」が負債の測定にあたって使用されることになります。

　また，(b)の「費用の範囲」については，マイルの交換により生じると見込まれる費用が対象となります。航空会社のマイレージプログラムにおいて交換できるサービスは多岐にわたり，航空会社自身が提供するサービス（無料航空券やアップグレードサービス）と外部第三者を介して提供するサービス（家電量販店等の他社ポイントや電子マネー等）に大きく区分することができますが，これらのサービスの提供に必要となる追加コストにより，1マイルごとの引当金額が異なってきます。すなわち，1マイル交換により航空会社が追加で負担すると見込まれる費用額を引当金計上するため，この1マイルの費用単価が大きくなれば引当金額も大きくなります。

　ただし，上記のマイル交換サービスのうち，たとえば無料航空券にマイルを交換した場合，通常はすでに手配されている航空機の空席が埋まるだけであり追加のコストはほとんどかからず，1マイル当たりの費用は下記方法②の独立販売価格と比較して小さく設定されることが多いと考えられます。

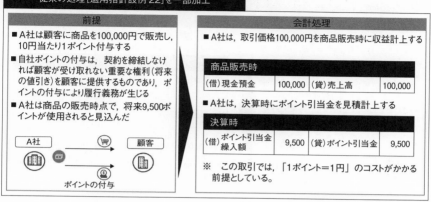

図表3-8-1　従来のマイルに関する会計処理

② **収益認識会計基準で求められる会計処理【方法②を採用する場合】**

　方法②では，マイルの付与を売上取引の一部とみなし，当該マイルの対価相当額が繰り延べられ（契約負債として負債計上），マイルに係る履行義務を充足した時点で収益計上されます。また，この処理はクレジットカード会社等へ販売するマイルに関しても同様であり，従来マイル販売収入とされていた金額は一度契約負債として負債計上された後，マイルの履行義務を充足した時点で収益計上されます（図表3-8-2）。この方法で負債計上される契約負債は，次の両者を乗じて合算したものとして見積られます。

　(a)　各サービスの交換予想マイル数

　(b)　各サービスの1マイル当たり取引価格

　(a)に関する「失効率」については方法①の場合と同様ですが，方法②の場合には(b)の1マイル当たりの取引価格を見積ることとされており，1マイル当たりの追加費用を見積っていた方法①と根本的に視点が異なります。

　なお，1マイル当たり取引価格の算出方法は，図表3-8-3のとおりです。

図表3-8-2　収益認識会計基準におけるマイルに関する会計処理

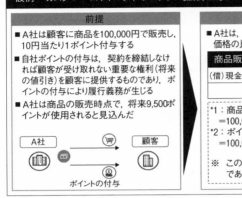

設例—カスタマー・ロイヤリティ・プログラム［設例22］より

前提	分析および会計処理

前提

- A社は顧客に商品を100,000円で販売し、10円当たり1ポイント付与する
- 自社ポイントの付与は、契約を締結しなければ顧客が受け取れない重要な権利（将来の値引き）を顧客に提供するものであり、ポイントの付与により履行義務が生じる
- A社は商品の販売時点で、将来9,500ポイントが使用されると見込んだ

分析および会計処理

- A社は、取引価格100,000円を商品とポイントに独立販売価格の比率（*1および*2）で配分する

商品販売時（自社ポイントの付与）

(借)現金預金	100,000	(貸)売上高	91,324(*1)
		(貸)契約負債	8,676(*2)

*1：商品 91,324円
　＝100,000円×独立販売価格100,000円÷109,500円

*2：ポイント 8,676円
　＝100,000円×独立販売価格9,500円÷109,500円

※　この取引では「1ポイント＝1円」の独立販売価格である前提としている。

　上記図表3-8-2ではマイルの独立販売価格は1マイル＝1.0円とされていますが、同じ1マイル＝1.0円でも、マイルを費用として考えるか（方法①）、販売商品として考えるか（方法②）により会計処理科目のみならず、会計処理金額も大きく変わります。

　すなわち、販売価格には企業が得るべき利益相当額が上乗せされているため、「費用単価＜販売価格」の考え方が成り立つことから、費用単価と販売価格が同じ1円であった場合には、マイルを費用ととらえる考え方（方法①）の方が負債計上額は大きくなります。ただし、独立販売価格は「1マイル＝1.0円」とは限らないため、独立販売価格がより大きいと判断された場合には、負債計上額は方法②の方が大きくなる可能性もあります。

図表3-8-3　マイルの取引価格の算式

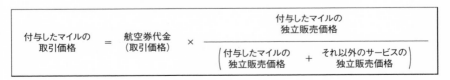

$$\text{付与したマイルの取引価格} = \text{航空券代金（取引価格）} \times \frac{\text{付与したマイルの独立販売価格}}{\left(\text{付与したマイルの独立販売価格} + \text{それ以外のサービスの独立販売価格}\right)}$$

　たとえば、航空会社のマイルの主要な交換対象サービスである往復無料航空券を想定した場合、その交換対象となる航空券は、同一区間の輸送サービスで

あっても，搭乗日，搭乗時間，予約日，付される制限（片道／往復，キャンセル，搭乗便変更，払戻しなど）等により，さまざまな価格が設定されています。すなわち，マイルで交換できるサービスの独立販売価格（無料航空券を仮に独立して販売した場合の価格）は一定ではなく，１マイルごとの取引価格は顧客が使用すると見込まれるサービスごとに異なることとなります。また，マイルの交換に関しては無料航空券のみではなく，カタログ商品との交換や他の事業会社が発行するポイントへの移行等さまざまなサービスが提供されているため，これらのサービスの独立販売価格も考慮に入れて１マイルの取引価格を算出する必要があります。当該取引価格の算出は，理論構成やシステム構築などに時間がかかることが予想されるため，余裕をもって準備を行う必要があります。

　契約負債として計上されたマイル負債は，マイルの履行義務の充足時点で取り崩され収益計上されますが，その充足時点はサービスごとに異なるため，注意が必要です。たとえば無料航空券の場合，マイルが航空券に交換された時点では顧客は航空機に搭乗していないためサービスの提供は行われていないことから収益認識はできず，顧客に対して旅客輸送業務を提供した時点で収益を認識することになります。

Q3-9 航空業におけるデリバティブ取引

航空業で用いられる主なデリバティブの会計処理について教えてください。

Answer Point

• 航空業の業績はさまざまな相場変動の影響を受けており，相場変動の影響を減殺する目的でさまざまなデリバティブ取引が行われています。

• デリバティブは原則として決算日の時価で評価し，帳簿価額との差額は損益に計上します。なお，一定の要件を満たす場合，ヘッジ会計を適用することができます。

解 説

（1）航空業を取り巻く相場変動

航空業は航空機調達・航空燃料調達に係る為替リスク，航空燃料の価格変動リスク，外部委託整備費用の支払に係る為替リスク等さまざまな相場変動リスクにさらされています。相場変動に関する主なリスクと，それに関連する航空業における取引例，および相場変動の影響を減殺するデリバティブ取引をまとめると，図表3-9-1のようになります。

図表3-9-1 主な相場変動リスク

相場変動 リスク	取引事例	為替相場の影響を 減殺するデリバティブ
為替相場	• 外貨建航空機購入契約およびリース契約 • 外貨建ジェット燃料の購入 • 外貨建整備委託費用の支払 • 外貨建空港使用料等の支払	• 為替予約 • 通貨スワップ
金利変動	• 航空機購入のための借入または社債発行	• 金利スワップ
燃料価格変動	• ジェット燃料購入	• 商品オプション取引 • 商品先物取引

　一般に航空会社は，グローバルに事業を展開しており，主要な収益や費用の中に米ドルを中心とした外貨建取引が占める割合が高いことから，為替変動リスクの影響を受けやすいといえます。また，事業に必要な航空機の購入や整備費用には多額の資金が必要となりますが，一般的に航空業は自己資金のみならず借入れ等の負債による資金調達を行っており，金利変動のリスクにさらされています。さらに，ジェット燃料は世界中で大量に取引されているコモディティであり，価格変動リスクがあります。

（2）デリバティブの利用と会計処理

　航空会社は，デリバティブを利用して相場変動の影響を減殺する取引（ヘッジ取引）を行うことがあります。デリバティブ取引により生じる正味の債権および債務は時価をもって貸借対照表価額とし，評価差額は原則として当期の純損益として処理します。ただし，ヘッジ取引のうち一定の要件を満たすものについて，ヘッジ対象に係る損益とヘッジ手段に係る損益を同一の会計期間に認識し，ヘッジの効果を会計に反映させるための特殊な会計処理（ヘッジ会計）を適用することができます。ジェット燃料の購入取引を例にとると，燃料価格の変動リスクに関するデリバティブ取引等にヘッジ会計を適用するにあたり，ヘッジの有効性の判定をしなければなりません。

　燃料価格の変動リスクに関するヘッジ取引においては，当該企業が行う現物取引とヘッジ目的のデリバティブ取引が参照するインデックスとが完全には一致しないことがあります。このとき，ヘッジ手段から生じる相場変動の影響と

ヘッジ対象から生じる相場変動の影響が完全には相殺されず，ヘッジの非有効
部分が発生します（図表3-9-2）。

　燃料相場に関するデリバティブ取引をヘッジ手段として用いる場合，ヘッジ
手段は市場において頻繁に取引されている典型的な金融商品であるのに対し
て，ヘッジ対象となる現物取引は固有の状況を前提とした相対取引であり，両
者の条件が一致しないことも想定されます。この場合，経営上はヘッジを目的
とした取引であっても，ヘッジの有効性の条件を満たしていないとしてヘッジ
会計が適用できない場合もあるため，ヘッジの有効性の判定は慎重に行う必要
があります。

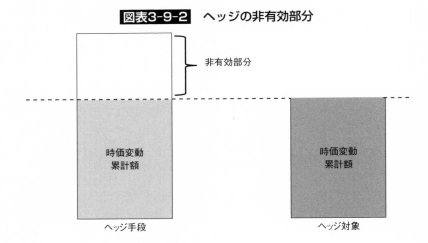

図表3-9-2　ヘッジの非有効部分

Q3-10 海運業における収益の種類

海運業における収益の種類にはどのようなものがありますか。

Answer Point 👆

- 海運業収益は，運賃，貸船料，その他海運業収益の３つに大別されます。

海運業収益は，運賃，貸船料，その他海運業収益の３つに大別されます。

運賃は，顧客との契約により締結した個品運送契約や航海傭船契約あるいは旅客運送契約等（以下，「運送契約等」という）に基づき，貨物または旅客を運送することによって計上される収益です。また，運送契約等に付随する滞船料（デマレッジ，Demurrage）や早出料（デスパッチ，Despatch）（詳細はＱ３-11「海運業における現状の収益認識基準」（２）参照），燃料油相場の上昇（下落）に伴う割増（割引）料であるバンカーサーチャージ（Bunker Adjustment Factor，BAF）も運賃に含まれます。

貸船料は，定期傭船契約や裸傭船契約に基づき他社に船舶を貸し出すことによって計上される収益です。また，船腹の一部を複数の海運企業で融通し合うスペースチャーター契約に基づき計上される収益も貸船料に含まれます。

その他海運業収益は，海運業に関係する運賃および貸船料以外の収益です。たとえば，船舶の運航を他社から受託した場合に受け取る運航受託手数料などがその他海運業収益に含まれます。

Q3-11 海運業における現状の収益認識基準

現在の海運業における収益の認識基準にはどのようなものがありますか。

Answer Point

- 現状の会計慣行において，海運業収益のうち運賃の認識基準には，主に積切出港（出帆）基準，航海日割基準・複合輸送進行基準，航海完了基準の3種類があります。
- 海運業収益のうち貸船料およびその他海運業収益は，取引の性質に基づき，一般的な収益の認識基準に従って，収益を計上します。

解 説

（1）運 賃

貨物運送を例にとると，1つの航海は次のようなサイクルに分けることができます。

① 前航海完了地点の港を出港

② 積地までの航海

③ 積地港での船積み

④ 積地港を出港

⑤ 揚地までの航海

⑥ 揚地港での荷揚げ（航海完了）

このサイクルの中で，収益は実現主義に基づいて，一定の方法で認識することになりますが，一般的な海運業における運賃の認識基準には，積切出港（出帆）基準，航海日割基準・複合輸送進行基準，航海完了基準の3種類がありま

す。

　積切出港（出帆）基準は，船舶が貨物を積み込み，出航した時点で収益の全額を計上する基準です。積切出港（出帆）基準を採用する場合，上記のサイクルでは，④の積地港を出港した時点で収益を計上します。

　航海日割基準は，航海開始から航海完了までの全体の予定日数を見積り，日数を基準とする航海の進み具合に基づいて収益を計上する基準です。航海日割基準を採用する場合，上記のサイクルの各段階を通じて，時の経過に応じて収益を計上します。また，複合輸送進行基準は航海日割基準を拡大した基準であり，コンテナ等を利用して海上運送と陸上運送を一体として物流サービスを提供している場合，海上運送と陸上運送とを合わせた全行程の予定日数（または距離等）を見積り，日数（または距離等）を基準とする輸送の進み具合に基づいて，収益を計上する基準です。上記のサイクルとの関連では①～⑥の前後にある陸上輸送を含めた全期間を通じて，時の経過等に応じて収益を計上します。

　航海完了基準は，揚地港で荷揚げが完了した時点で収益の全額を計上する基準です。航海完了基準を採用する場合，上記のサイクルでは⑥の時点で収益を計上します。

（２）海運業における滞船料（デマレージ）と早出料（デスパッチ）

　滞船料（デマレージ）とは，船主に責任がなく予定碇泊期間を超えた場合に，荷主が船主に支払う追加料金です。また，早出料（デスパッチ）とは，滞船料とは逆に，予定碇泊期間よりも短い時間で船積みまたは荷揚げが完了した場合に，船主が荷主に支払う約定金額です。これらはいずれも，運賃に加減して計上します。

　滞船料または早出料は，実際に碇泊時間を集計して初めて認識され，本航海に係る収益の認識時点で計上されます。

　実務上は，船主が碇泊時間を集計するとともに滞船料または早出料を計算し，荷主がその計算結果を確認することになりますが，多くの場合，金額の確定には一定の時間が必要となります。したがって，船主は本航海に関する収益の計上時点では，滞船料または早出料を見積計上することになります。

　なお，滞船料または早出料は，荷主側での確認に時間がかかり，金額の確定までに長期間を要する場合があります。特に滞船料については，最終的に当該債権の全部または一部が回収不能となる場合もあり得ます。したがって，確実に回収できると判断される場合に滞船料を計上する必要があります。さらに，計上した後に回収不能となる金額が発生することが見込まれる場合には，貸倒引当金を計上する必要があります。そのため，月次決算等の適切なタイミングで，未回収の滞船料に関する回収可能性を検討する必要があります。

（3）貸船料およびその他海運業収益

　貸船料は，定期傭船契約や裸傭船契約に基づき他社に船舶を貸し出すことによって計上される収益です。貸船料は時の経過に応じて収益を認識します。

　また，その他海運業収益については，取引の性質に基づき，適切な収益の認識基準に従って収益を認識します。

Q3-12　収益認識会計基準等適用時の留意点

収益認識会計基準等の適用にあたっての主な留意点を教えてください。

Answer Point

- 従来から積切出港（出帆）基準，または航海完了基準により収益認識を行っている場合は，収益認識会計基準等の導入に向けて，当該処理の継続可否について慎重な検討が必要です。
- そのほか，履行義務の充足に係る進捗度の見積方法，滞船料（デマレージ）と早出料（デスパッチ）等の変動対価，船腹の一部を複数の海運企業で融通し合うスペースチャーター契約等における本人・代理人の論点等があります。
- 海運業（船舶による運送サービス）に関しては，そのビジネスの特殊性から履行義務の識別とその充足に関して代替的な取扱いの規定が設けられています。

解説

（1）収益認識会計基準等の導入

前述のとおり，収益認識会計基準等が2018年3月30日に公表され，2021年4月1日以後開始する連結会計年度および事業年度の期首から強制適用されることとなりました（2018年4月1日以後開始する連結会計年度および事業年度の期首から早期適用が可能）。

収益認識会計基準等の適用時においては，以下の5ステップに従って収益を認識することとなります。

（ステップ1）顧客との契約を識別する。

（ステップ2）契約における履行義務を識別する。

（ステップ3）取引価格を算定する。

（ステップ4）取引価格を履行義務に配分する。

（ステップ5）履行義務を充足した時に，または充足するにつれて収益を認
　　　　　　　識する。

　収益認識会計基準等の導入に伴い，履行義務の識別やその充足の方法等に
よって収益の認識方法が従来から変更となる可能性があり，十分に留意が必要
です。

　特に，従来から積切出港（出帆）基準，または航海完了基準により収益認識
を行っている場合は，収益認識会計基準等の導入に向けて，当該処理の継続可
否について慎重な検討が必要です。収益認識会計基準等の適用に伴い，積切出
港（出帆）基準，または航海完了基準から，履行義務を充足するにつれて収益
を認識する方法に変更する場合には，履行義務の充足に係る進捗度の見積方法
をどのように設定するかが論点となります。たとえば，日数，距離，数量，原
価等が考えられます。

　ここで，海運業（船舶による運送サービス）に関しては，そのビジネスの特
殊性から履行義務の識別とその充足に関して別途の規定が設けられています。

> **（収益認識適用指針第97項　抜粋）**
>
> 　一定の期間にわたり収益を認識する船舶による運送サービスについて，
> 一航海の船舶が発港地を出発してから帰港地に到着するまでの期間が通
> 常の期間（運送サービスの履行に伴う空船廻航期間を含み，運送サービス
> の履行を目的としない船舶の移動又は待機期間を除く。）である場合には，
> 複数の顧客の貨物を積載する船舶の一航海を単一の履行義務としたうえ
> で，当該期間にわたり収益を認識することができる。

　この規定は，一定の期間にわたり収益を認識する船舶による運送サービスに
ついて，一航海の船舶が発港地を出発してから帰港地に到着するまでの期間は
通常短期間（1カ月から2カ月程度）であることから，重要性等を考慮のうえ
代替的な取扱いが認められているものです。

　また，滞船料（デマレージ）と早出料（デスパッチ），バンカーサーチャージ，

単価や数量が航海完了後に確定する場合等については出帆点において対価の総額が確定しておらず，変動対価に該当する可能性があり，その場合には対価の見積方法が論点となります。さらに，船腹の一部を複数の海運企業間で融通し合うスペースチャーター契約等において，他社の船腹を利用して荷物を運ぶ場合，本人としての取引となる場合と，当該荷物を運んだ他の海運会社の代理人としての取引となる場合が考えられます。本人としての取引の場合，対価の総額で収益を認識し，代理人としての取引の場合，スペースチャーターのためのコストとの純額で収益を認識します。その他の海運業特有の論点についても，取引と契約の洗出しとその実態に応じた会計処理の検討が必要です。

　これらの検討の結果，収益の認識方法等を変更する場合には，その変更に伴いシステム上の対応や業務プロセスの変更が必要となる場合があり，関連する内部統制の整備等に留意する必要があります。

Q3-13 海運業における費用の会計処理

海運業に関連する費用にはどのようなものがありますか。また，費用の認識に関してどのような特徴がありますか。

Answer Point

- 海運業費用は，運航費，船費，借船料およびその他海運業費用に区分されます。
- 会計上の収益と費用との時間的対応を図るため，費用の繰延や，会計上の見積りに基づく費用計上の実務慣行が存在します。

解説

（1）海運業に関連する主な費用

海運業に関連する費用は，運航費，船費，借船料およびその他海運業費用に分類されます。

① 運航費

運航費は船舶の運航に伴い発生する費用であり，変動費的性格を有しています。この運航費に分類される費目には，たとえば次のようなものがあります。

(a) 貨物費（貨物積上費用，ターミナル使用料，荷役作業料等）

(b) 港費（入港料，水先料，曳船料，岸壁使用料等）

(c) 燃料費

(d) その他運航費（回航時のバラスト代，船舶通信費等）

② 船費

船費は船舶の所有，維持，管理に伴い発生する費用であり，固定費的な性格

を有しています。

　この船費はさらに，船舶の所有のための必要経費である間接船費と，船舶を運航可能な状態に保つために必要な費用である直接船費に細分されます。船費に分類される費目には，たとえば次のようなものがあります。

　(a)　船舶保険料

　(b)　船舶減価償却費

　(c)　船員費（給料，賞与，諸手当，福利厚生費等）

　(d)　船舶修繕費（定期検査，中間検査，小修繕費，合入渠費等）

　(e)　船舶消耗品費（船用品費，潤滑油費等）

　(f)　その他船費（船舶固定資産税等）

③　借船料

借船料は，船舶を傭船により調達することに伴い発生する傭船料です。

④　その他海運業費用

　①，②，③以外の海運業に関する費用は，その他海運業費用に計上されます。

　なお，船舶取得のための借入金の利息は，財務会計上（海運企業財務諸表準則上）は営業外費用に計上されますが，船舶の採算管理を行う観点から，管理会計上は船費に含める場合もあるようです。

（2）海運業費用の海運業収益との対応

　1つの航海は，次のようなサイクルに分けることができます。

　①　前航海完了地点の港を出港

　②　積地までの航海

　③　積地港での船積み

　④　積地港を出港

　⑤　揚地までの航海

　⑥　揚地港での荷揚げ（航海完了）

　このサイクルの中で，収益は会計方針として採用した認識基準に基づいて，一定の方法で認識します（詳細はＱ３-10「海運業における収益の種類」参照）。すなわち，積切出港（出帆）基準では④の積地港を出港した時点，航海日割基準は上記のサイクルの各段階で時の経過等に応じて，複合輸送進行基準は①～⑥の前後に含まれる陸上輸送期間を含めた全期間を通じて時の経過に応じて，航海完了基準では⑥の揚地港での荷揚げ等により航海が完了した時点で，それぞれ収益を認識します。

　これに対して，費用は発生主義により計上しますが，その発生時点は会計上の収益認識時点とは独立しており，各費目の性質によって決まります。たとえば，減価償却費は時の経過に応じて発生すると考えられますが，港費は入出港の事実に基づいて発生すると考えられます。

　このように，収益の認識時点と費用の発生時点とが異なり，このままでは費用と収益が期間的に対応しないことから，海運業においては収益との対応を図る目的で，発生した費用の繰延・見積計上を行う実務慣行があります。特に，航海の途中に決算日が到来する場合，収益と費用が当期と翌期のどちらに帰属するかによって当期の経営成績に影響があるため，留意が必要です。

ⅰ．航海完了基準の場合

　航海が完了した時点で収益を計上することから，収益と費用を適切に対応させるためには，本航海において発生した費用を収益の認識時点まで繰り延べる必要があります。

　そのため，荷揚げ完了前に決算日が到来した場合は，発生した費用はいったん資産として繰延および前払費用に計上し，航海が完了した時点で費用に振り替えることになります。

ⅱ．積切出港（出帆）基準の場合

　収益は積地港を出港した時点で計上することから，収益と費用を適切に対応させるためには，本航海において発生する費用を収益の認識時点で計上する必要があります。

　本航海で発生する費用には，収益の認識時点である積地港を出港する前に発

生する費用とその後に発生する費用とに分けられます。

　そのため，出港前に決算日が到来した場合は，出港までに発生した費用は
いったん資産として繰延および前払費用に計上し，出港した時点で費用に振り
替えることになります。

ⅲ．航海日割基準または複合輸送進行基準の場合

　時の経過に応じて収益を計上することから，収益と費用を対応させるために
は，本航海において発生する費用の全体を時の経過に応じて計上する必要があ
ります。

　そのため，決算日以前に発生した費用はその実際発生額を日割り等により決
算日前後の期間に配分し，決算日後に発生すると見込まれる費用については，
合理的な見積額を決算日前後の期間に按分して計上する実務慣行があります。

（3）収益認識会計基準等の導入における対応

　Ｑ３-12「収益認識会計基準等適用時の留意点」で記載のとおり，収益認識
会計基準等の導入により，収益は履行義務の充足に応じて計上することとなり
ます。

　海運業においては，収益との対応関係を図る目的で費用の繰延・見積計上を
行う実務慣行がありますが，収益認識会計基準等の導入による収益認識の方針
の変更に伴い，費用の計上に関する会計処理方針の見直し要否についても留意
が必要です。

Q3-14　鉄道業の収益構造の特徴

鉄道業の収益構造について教えてください。

Answer Point ☞

- 鉄道会社の収益構造は，運輸事業による収益と非運輸事業による収益に大きく分かれることが一般的です。
- 鉄道会社の設立経緯によって，運輸事業と非運輸事業の売上高の構成割合が大きく異なっています。

解　説

　鉄道会社の収益構造は，鉄道事業による収益を中心にバス事業などの収益を加えた運輸事業による収益と，鉄道利用者数の拡大を目指すために鉄道沿線の価値を向上させることを目的とした不動産事業や流通事業などの非運輸事業による収益に大きく分かれていることが一般的です。

　鉄道会社各社の運輸事業と非運輸事業の売上高の構成割合を比較すると，JR3社および東京地下鉄は鉄道事業の売上割合が高く，それ以外の民鉄会社では非運輸事業の割合が高くなっていることがわかります（図表3-14）。

　これは，JR3社が日本国有鉄道，東京地下鉄が帝都高速度交通営団といった国や東京都の意向により鉄道事業の運営を目的に設立された事業体を出身母体としていることから，民営化された後も鉄道事業の運営に重きが置かれているためと考えられます。

　一方，それら以外の民鉄会社は営利目的に設立された株式会社であり，自社の鉄道利用者数を増加させるため積極的に沿線の街づくりを行う必要があったことから，鉄道事業以外の不動産事業や流通事業などが発展していったものと考えられます。

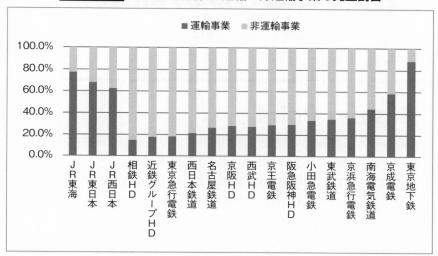

図表3-14　鉄道会社各社の運輸・非運輸事業の売上割合

（出所：各社の2019年３月期の有価証券報告書より作成）

Q3-15　鉄道業における収益認識

　鉄道業の旅客運輸収入に関する収益認識基準について教えてください。

Answer Point

- 運輸収入には多種の発生形態がありますが，鉄道事業会計規則には，収益認識に関する詳細な規定はありません。
- 2018年3月に収益認識に関する会計基準が公表されたことから，適用年度以降は当該基準に基づき会計処理を行うことが求められます。
- 収益認識に関する会計基準の適用後においても，連絡運輸に関する運賃収入に関しては精算基準も認められると考えられます。

解　説

（1）旅客運輸収入の発生形態

　旅客運輸収入には，切符や回数券の発売およびICカード乗車券の利用による収入（定期外運賃）や定期券の発売による収入（定期運賃）などの発生形態が存在します。

　なお，多くの切符の有効期間は発券日の当日中ですが，新幹線や特急乗車券のようにあらかじめ乗車日を指定する形態のものも存在します。

（2）鉄道業の収益認識に関する規定

　鉄道事業会計規則には収益認識に関する詳細な規定がないため，これまでは一般事業会社と同様，企業会計原則における収益認識の基準である「実現主義」の考え方に則して判断することが求められていました。

　しかし，2018年3月に企業会計基準委員会より，収益認識会計基準および収益認識適用指針が公表されているため（Q3-1「収益認識に関する会計基準等の概要」参照），旅客運輸収入については，今後，原則として当該会計基準および適用指針に基づき会計処理を行うことが求められることになります。

（3）旅客運輸収入の収益認識の考え方

①　基本的な考え方

　「実現主義」の考え方に照らした場合，鉄道事業者が提供するサービスのうち旅客の輸送については，当該サービスの提供が完了した時点で実現主義の要件を充足すると考えられることから，その時点において旅客運輸収入を認識することになります（輸送サービス提供完了基準）。

　ただし，たとえば，鉄道利用者が切符等の発券日と同日に乗車することが要求されており，発券日と旅客輸送に係る役務提供の完了日が同日になるという状況にある場合は，継続適用を条件として，発券時点で旅客運輸収入を認識することも考えられます（発券基準）。

　一方，収益認識会計基準においては，企業は約束した財またはサービスを顧客に移転することにより履行義務を充足した時にまたは充足するにつれて，収益を認識するものとされています（第35項）。また，より具体的には，履行義務が「一定の期間にわたり」充足されない場合に，「一時点」として充足されるものとして整理されています（第39項）。

　これに照らした場合，鉄道事業者が提供する旅客の輸送というサービスについては，乗車駅から目的地に到着するまでの間，鉄道会社が義務を履行するにつれて，顧客が便益を享受することができるため，同会計基準第38項(1)に該当すると考えられ，一定の期間にわたって収益を認識することが適切と考えられます。ただし，通常の切符については，通常，当日中にサービスの提供が完了することから，乗車日において全額を収益認識することになります。

　なお，新しい会計基準についての考え方は，次の「Q3-16　鉄道業における収益認識会計基準適用の考え方」で紹介していますが，これまでと基本的な考え方に大きな相違はないと考えられます。

② 切　符

　多くの場合，切符の購入がされたとしても，旅客が乗車したか否かを判別することは困難であり，従来より実務上，切符を販売した時点で収益が認識されています（発券基準）。切符の有効期間は，一般的には当日中であるため，輸送サービス提供完了基準との乖離はないと考えられます。

　ただし，新幹線や特急乗車券のうち，あらかじめ乗車日を指定した切符の場合には発券基準ではなく，指定された乗車日に収益を認識することになります。

③　回数券

　回数券は，有効期間が3カ月など複数月にわたることが多く，旅客がいつ乗車したかを特定し，厳密に輸送サービス提供完了基準を適用することは困難であると考えられます。

　そのため，輸送サービス提供完了基準と重要な差異がなく，かつ，毎期継続的に適用されることを前提とした簡便法として，実務上は，発券基準により収益が認識されることが多いと考えられますが，重要性に応じて柔軟な対応を行うことも考えられます。

　また，収益認識会計基準の考え方に照らしても，基本的な考え方に大きな相違はないと考えられます。

④　ICカード乗車券

　ICカード乗車券については，カード別の未使用残高がシステムにより管理されており，鉄道利用者が乗車にあたりICカードを自動改札等で使用した時点と鉄道事業者が役務提供を完了した時点とが基本的には一致するため，その時点で使用された分につき収益を認識することになります。

　また，鉄道利用者のカード購入時に，鉄道事業者は利用者から保証金（デポジット）を受け取っており，カードの払戻し時に返還する必要がある場合には，当該保証金（デポジット）相当額は返還時まで負債として計上することになります。

　なお，未使用のチャージ部分については，鉄道利用者が乗車するまで負債に

計上することになりますが，収益認識会計基準においても，将来において財ま
たはサービスを移転する履行義務については，顧客から支払を受けた時に，支
払を受けた金額で契約負債を認識することになります。しかし，現在では，交
通系ICカードは全国で相互利用が可能となっており，また，電子マネーとし
ての利用も可能であることから，未使用のチャージ部分が必ずしも将来におい
て自社の財またはサービスとして履行されるものではなく，その全額を契約負
債として認識するかどうかは実態に応じて検討が必要になるものと考えられま
す。

⑤　定期券

　定期券については，「実現主義」の考え方に照らした場合，発売時において
有効期間にわたる運賃を先に収受することから，決算では，前受運賃として収
益を繰り延べる処理を行い，鉄道利用者の乗車状況に応じてそれを取り崩すこ
とになります。

　しかしながら，鉄道利用者が，定期券の有効期間にわたって平均的に乗車す
ることが想定されるならば，経過期間に応じて前受運賃を取り崩して収益を認
識することが考えられます。このことは，鉄道事業会計規則の運用方針におい
ても次のように規定されています（同運用方針 第2　勘定科目表）。

図表3-15-1　前受運賃の計上方法

```
2　負債
　(1)　流動負債
　　②　前受運賃
　　　A　前受定期運賃の計上方法は次による。
　　　　(イ)　1ヶ月定期券は除外する。
　　　　(ロ)　月割で計算する。たとえば，3月決算の場合，3月中に発売した3ヶ
　　　　　　月定期券は2ヶ月分，6ヶ月定期券は5ヶ月分を前受運賃に計上す
　　　　　　る。
```

　なお，JR東日本は有効開始日をもとに一定の前提により見積った金額を前
受運賃として計上していることを公表しており，定期券の利用状況に応じた定
期収入を計上していると考えられます（同社2014年3月期有価証券報告書の「会

計上の見積りの変更に係る注記」を参照）。

　他方，同運用方針では，定期券の有効開始日起算ではなく，発売日起算で定期収入を計上することを認める内容となっていますが，収益認識会計基準に照らした場合，発券しただけでは履行義務を充足したとはいえず，これまで同運用方針に基づき発券日起算で収益を計上していた鉄道会社においては，収益の計上方法を見直すことを検討する必要があると考えられます。

　また，収益認識会計基準においても，従来同様，一定の期間にわたって収益を認識するという考え方となります。

⑥　連絡運賃の精算

　鉄道事業者は，主として鉄道利用者の便宜を図るために，他の鉄道事業者との間で連絡運輸契約を締結し，鉄道利用者が双方の路線を乗り継いで乗車することができる乗車券（以下，「連絡乗車券」という）を販売しています。

　そのため，鉄道利用者に対して連絡乗車券を販売した鉄道事業者は，他の鉄道事業者の区間にかかる運賃分も収受しているため，後日，鉄道事業者間において連絡運賃の精算を行うことになります。したがって，当該他の鉄道事業者は，運賃を収受した鉄道事業者から通知があるまで，自社が計上すべき正確な運賃がわかりません。

　このような場合においても，各鉄道事業者は，自らの区間にかかる旅客運輸収入について，鉄道利用者に対する輸送サービスの提供を完了した時点において，収益を認識することになります。

　ただし，鉄道事業会計規則においては，各鉄道事業者間における連絡運賃の精算に時間を要する場合があることに配慮し，次のように精算基準により収益を認識することを認めています。なお，収益認識会計基準の公表に伴い，別記事業の所管官庁が制定した「財務諸表準則」（鉄道事業者の場合は「鉄道事業会計規則」）がある場合にはその定めを適用することを規定している財規第2条の改正は行われていないことから，収益認識会計基準適用後も，鉄道事業会計規則に基づく連絡運賃の計上方法は認められると考えられます。

図表3-15-2　収益認識の精算基準

収益
備考 2　鉄道事業営業収益のうち継続的に行われる他の鉄道事業者等との連絡運輸に関する収入運賃は，精算された期の収益として整理することができる。

（4）その他

　鉄道会社の運賃の設定方法は，総括原価方式のもとで上限価格が設けられ，またその原価の計算には多くの鉄道会社でヤードスティック方式（複数事業者のコストを比較することにより基準となるコストを算定して経営の効率化を促す方式）が採用されています（2005年2月に国土交通省鉄道局の鉄道ワーキンググループが報告書をまとめています）。

（5）税務上の取扱い

　ICカード乗車券については，先ほどの解説のとおり，未使用のチャージ部分について，いったんは負債に計上されます。

　ただし，税務上は，これまで商品引換券等の発行に係る収益の帰属時期について，商品引換券等を発行した事業年度末日の翌日から3年が経過した日の属する事業年度終了の時に，また，収益認識会計基準の導入に伴い公表された平成30年度税制改正では，原則として商品引換券等を発行した日から10年が経過した日の属する事業年度終了の時において未使用分を収益計上する取扱いが適用されることから，長期未使用のICカード式乗車券に係る税務上の収益計上時期に関しては，その取扱いを慎重に検討する必要があります。

Q3-16 鉄道業における収益認識会計基準適用の考え方

収益認識会計基準が公表されていますが，鉄道業において，その適用上どのように考えればよいのか教えてください。

Answer Point 👆

- 収益認識会計基準では，体系化された5ステップによりすべての収益認識方法が説明されています。
- 鉄道業の旅客運輸収入についても，この5ステップに照らした検討が必要になります。

2018年3月に公表された収益認識会計基準および収益認識適用指針により，2021年4月1日以降開始する事業年度の期首から，同会計基準および適用指針に基づいた会計処理を行うことが求められます。

収益認識会計基準では，体系化された5ステップによりすべての収益認識方法が説明されているため，鉄道業の旅客運輸収入についても，この5ステップに照らした検討が必要になります（図表3-16）。

図表3-16　**収益認識会計基準で説明されている5ステップ**

基準書の適用における5つのステップ

ステップ1 顧客との契約の識別	• 収益認識の基礎は，顧客との契約 • 収益認識の対象となる契約を識別
ステップ2 契約における 履行義務の識別	• 契約に含まれる履行義務を識別 • 財またはサービスが区別できる履行義務の場合には，別々に会計処理
ステップ3 取引価格の算定	• 契約ごとに取引価格を算定 • 取引価格とは，契約によって約束した財またはサービスとの交換で権利を得ると見込んでいる対価の金額
ステップ4 取引価格の契約における 履行義務への配分	• 取引価格を，区別できる履行義務に配分 • 関連する独立販売価格に基づいて，取引価格を区別できる履行義務に配分
ステップ5 履行義務の充足時（または 充足につれて）の収益認識	• 履行義務は特定の財またはサービスに対する支配を顧客に移転した時に，履行される • 履行義務が一定の期間にわたり充足される場合，収益を一定の期間にわたり認識

　以下では，旅客運輸収入について，この5ステップに沿った説明を行っていきます。

（1）契約の識別（ステップ1）

　「契約」とは，法的な強制力のある権利および義務を生じさせる複数の当事者間における取決めと説明されています（収益認識会計基準第5項）。旅客運輸収入においては，鉄道会社と旅客との間で取り交わされた旅券（具体的には，切符，回数券，ICカード乗車券，定期券等を指す）に関する取決めが契約になると考えられます。

（2）履行義務の識別（ステップ2）

　上述のステップ1で識別した旅券に関する取決めのなかで，鉄道会社が約束するサービスは，旅客を「特定の期間または回数」にわたって，「一定の場所から他の一定の場所へ」輸送することです。そのため，一般的には，それらの

旅客輸送サービス単位で履行義務を識別することになると考えられます。

　なお，鉄道の乗車料金には，運賃のみでなく，特急料金や車内での飲食サービス料金を含むものもありますが，旅客輸送サービスと相互依存性または相互関連性が高く，契約の観点から別個の財またはサービスとはいえないと判断する場合，旅客輸送サービスと区分せずに一体として1つの履行義務として識別すると考えられます（収益認識会計基準第34項(2)，収益認識適用指針第6項(3)）。

　一方で，鉄道会社が発行するICカードや特急券等のネット予約において，ポイント制度を採用しているケースがありますが，ポイントを一定数貯めることで，将来において無償の旅客輸送サービス，座席のアップグレード，他社ポイントへの交換等が可能となる重要なオプションを付与するものであると判断する場合は，旅客輸送サービスとは別個の履行義務として識別することになります（収益認識適用指針第8項）。

　また，定期券については，特定の区間内を一定の期間内に繰り返し乗車できるものであり，通常，乗車上限回数の設定もないことから，有効期間にわたって旅客輸送サービスを提供することを鉄道会社の履行義務として識別することになると考えられます。

（3）取引価格の算定（ステップ3）・取引価格の履行義務への配分（ステップ4）

　「取引価格」とは，財またはサービスの顧客への移転と交換に企業が権利を得ると見込む対価の額をいうと説明されています（収益認識会計基準第8項）。旅客運輸収入においては，旅券の販売代金が取引価格になると考えられます。

　また，ステップ4では，ステップ3で算定した取引価格を履行義務へ配分することになりますが，1つの旅客輸送サービスを1つの履行義務として識別する場合，その履行義務に対して旅券の販売代金を配分することになると考えられます。

（4）履行義務の充足時点（ステップ5）

　収益認識会計基準では，履行義務を充足した時にまたは充足するにつれて収益を認識すると説明されており（収益認識会計基準第17項(5)），また，履行義

務が「一定の期間にわたり」充足されない場合に，「一時点」として充足されるとして整理されています（収益認識会計基準第38項，第39項）。

　旅客輸送サービスの場合，上述のステップ2でも記載したとおり，鉄道会社は旅客に対して「一定の場所から他の一定の場所へ」輸送する履行義務を負っていると考えられ，そして，この履行義務が充足される時点が，「一定の期間にわたり」なのか「一時点」なのかにより，収益計上するタイミングと金額が異なります。

　通常の切符については，乗車駅から目的地に到着するまでの間，鉄道会社が旅客輸送により義務を履行するにつれて，顧客が便益を享受することができるため，収益認識会計基準第38項(1)に該当するものとして整理し，一定の期間にわたって収益を認識することが適切と考えられます。ただし，鉄道における旅客輸送は，通常，当日中に完了することから，乗車日において全額を収益認識することになります。

　一方，定期券については，上述のとおり，有効期間にわたって旅客輸送サービスを提供することが履行義務と考えられるため，一定の期間にわたって収益を認識することが適切であり，有効期間内に乗車に関する制限がない場合には，期間の経過により履行義務は充足されていくものと考えられます。

Q3-17 鉄道業における費用の会計処理

鉄道業における費用の会計処理はどのように行いますか。また, 開示の特徴について教えてください。

Answer Point

- 鉄道業における費用の会計処理は, 原則として「企業会計原則」に基づき行いますが,「鉄道事業会計規則」に特段の定めがある場合には, 当該規則の定めに基づいて会計処理を行う必要があります。
- 単体財務諸表の開示は「鉄道事業会計規則」に準拠して作成する必要があります。

解説

(1) 鉄道業における費用の会計処理

鉄道業における費用の会計処理は, 原則として企業会計原則に基づき, 発生した期間に費用の計上を行う (発生主義) ことが求められており, 一般事業会社と同様の会計処理を行うことになります。

ただし,「鉄道事業会計規則」に定めのある費用項目, たとえば, 鉄道設備に関する借入金利息の建設価額への算入処理 (第10条), レールやまくら木等に関する取替法の適用 (第13条), 未開業線の建設と開業線の営業に関連する費用の配賦計算 (第21条) などについては, 同規則の定めに基づき会計処理を行うことが求められています。

(2) 開示の特徴

鉄道業は,「財規」第2条において「特に法令の定めがある場合又は当該事

業の所管官庁がこの規則に準じて制定した財務諸表準則」に従った開示が求められる別記事業に指定されていることから，単体財務諸表の開示は「鉄道事業会計規則」に準拠して作成する必要があります。

「財規」に基づく単体財務諸表（ここでは損益計算書を対象とする）との主な相違点は，図表３-17のとおりです。

図表3-17　財規と鉄道事業会計規則の相違点

項　目	「財規」に基づく損益計算書	「鉄道事業会計規則」に基づく損益計算書
営業費の区分方法	営業費を売上原価と販売費及び一般管理費に区分して表示する。	営業費を当該規則で定める細目に区分して表示する。
売上総利益の有無	売上から売上原価を控除した金額を売上総利益として表示する。	売上総利益は表示されず，営業収益から営業費を控除した金額を営業利益として表示する。
各事業への区分の有無	売上，売上原価，売上総利益，販売費及び一般管理費および営業利益を全社ベースで表示する。	営業収益，営業費および営業利益を各事業に区分して表示する。
各事業に関連する収益および費用の取扱い	「鉄道事業会計規則」に定める取扱いはない。	鉄道事業とその他の事業に関連する収益および費用は，その他の事業の規模が極めて小さい場合を除き，当該規則に掲げる基準や適正と認められる基準により各事業に配賦して表示する。

Q3-18 物流業における収益の主要な構成要素

物流業における一般的なサービスの種類について教えてください。

Answer Point ☝

- 物流業における一般的なサービスには，貨物自動車運送サービス，運送附帯サービスおよび貨物利用運送サービス等があります。

解説

　物流企業が提供する業務は，荷主から集荷した貨物を配達先まで届ける集配業務だけでなく，入出庫および貨物の積み下ろしなどの荷役業務や倉庫での保管業務，荷主の依頼に基づく流通加工業務，物流システムを利用した貨物の情報管理業務と多岐にわたります。これは，物流企業に対する期待が，単に荷主の指示のもとで，貨物を配達先までスピーディに届けることにとどまらず，荷主企業における物流プロセスを受託しリードタイムの短縮やコストの削減など，消費者ニーズへの柔軟な対応を実現することにまで広がってきたことによります。

　一般的な物流業のサービスには，「貨物自動車運送サービス」，「運送附帯サービス」および「貨物利用運送サービス」の3つがあります。

（1）貨物自動車運送サービス

　貨物自動車運送サービスは，荷主の需要に応じて，有償で，自動車を使用して貨物を運送するサービスです。具体的には荷主から貨物を引き取り，自社の自動車等で配達先まで輸送し，荷受人へ貨物を引き渡すこと等を行うサービスをいいます。このサービスは自動車を用いた運送であることから，貨物の引取

りから配達の完了までにかかる期間は，国内の場合，通常２～３日程度です。

（2）運送附帯サービス

運送附帯サービスは，貨物自動車運送サービスに附帯して行うサービスをいいます。たとえば，輸送機関への貨物の積込みや荷下ろし，倉庫の入出庫作業などを行う「荷役業務」や，倉庫内での貨物の「保管業務」，貨物の梱包を行う「梱包業務」，商品の組立てや検品，封入作業等の加工を行う「流通加工業務」などがあります。また，貿易取引における通関手続代行などの業務もこのサービスに含まれます。物流企業は，荷主の多種多様な要望に応じて，さまざまなサービスを提供しています。

（3）貨物利用運送サービス

貨物利用運送サービスは，荷主の需要に応じて，有償で，利用運送（自らの運送機関を利用し運送を行う者（実運送事業者）の行う運送を利用して貨物を運送すること）を行うサービスです。たとえば，鉄道・航空・船舶などの輸送手段を利用した運送サービスが当てはまります。また他の貨物自動車運送事業者を利用した運送サービスもこれに含まれます。

貨物自動車運送サービスと貨物利用運送サービスとの相違点は，どちらも自社が荷主と運送契約を結びますが，貨物自動車運送サービスは貨物の輸送時において自社の自動車等で行うのに対し，貨物利用運送サービスは外部企業（実運送事業者）の輸送機関を利用します。

図表3-18　物流業のサービス例

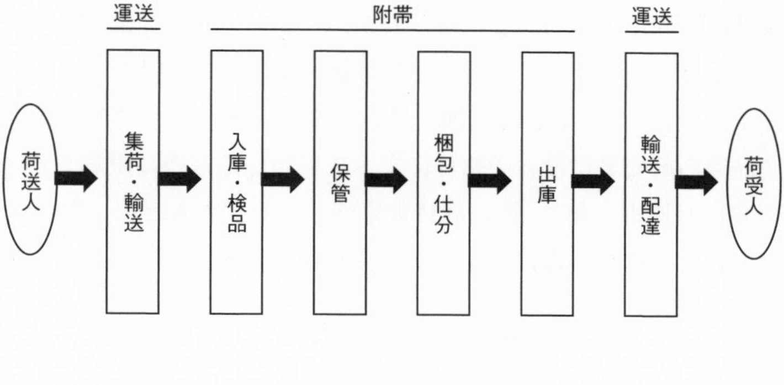

Q3-19 日本における物流業の収益認識

物流業における収益認識について教えてください。

Answer Point ☝

- 収益認識会計基準の公表を受け，物流業における収益認識の基本的な考え方が大きく変更されています。
- 収益認識会計基準で体系化された5ステップに従い，各社において自社の取引実態や契約形態に応じた収益認識に係る会計方針を検討する必要が生じます。

解 説

　2018年3月30日に企業会計基準委員会から収益認識会計基準等が公表されました。この収益認識会計基準等の公表により，わが国において収益認識の会計基準が初めて導入されることになりました。

　なお，これらは，日本国内企業が2021年4月1日以後開始する連結会計年度および事業年度の期首から適用することとなります。

（1）従来の物流業の収益認識時点

　収益認識会計基準等の公表までは，わが国において収益認識を取り扱う包括的な会計基準はなく，また，物流業を取り扱う個別の会計基準等もありませんでした。このため，「企業会計原則」における「売上高は，実現主義の原則に従い，商品等の販売又は役務の給付によって実現したものに限る」という実現主義（企業会計原則　第二　損益計算書原則　三Ｂ）のもとで，物流企業はそれぞれの取引を「役務の提供の完了」と「対価の成立」という2つの要件に照らして収益を認識していました。

　貨物自動車運送サービスや貨物利用運送サービスでは，実現主義における役務の提供が完了した時点とは荷主から預かった貨物を配達先へ配達した時点となるため，配達完了時点で収益を認識することが原則となります。しかし，前述のとおり貨物の引取りから配達完了までにかかる期間は，国内の場合，通常２〜３日程度と極めて短いため，実務的には貨物を引き受けた時点で収益を認識する方法が広く採用されていました。

　運送附帯サービスでは，搬入作業や出庫作業など，個々の役務を提供した時点で役務の提供が完了し，これに合わせて収益を認識していました。また，複数の月にまたがって貨物を保管している場合には，保管料のうち経過期間に対応する部分を収益として認識していました。

図表3-19-1　**物流業における従来の収益認識時点（例）**

種　類		収益認識時点	適　用
貨物自動車運送収入 貨物利用運送収入		配達完了日，あるいは 荷受日	役務提供完了時の配達完了日に認識するのが原則であるが，荷受けから配達完了までの期間が短いため，実務的に荷受基準も広く採用されていた。
運送附帯 収入	荷役料	役務提供日	個々の役務を提供した時点で役務の提供が完了し，これに合わせて収益を認識していた。
	保管料	保管期間に応じた 役務提供日	
	包装料	役務提供日	
	流通加工料	役務提供日	

（2）新しい基準による収益認識時点

　新しく公表された収益認識会計基準等は，IFRS第15号「顧客との契約から生じる収益」の基本的な原則を取り入れることを出発点として開発されています（収益認識会計基準第97項）。これは国内外の企業間における財務諸表の比較可能性を確保することを基礎としており，わが国における収益認識についてもIFRS第15号と同様に５つのステップに沿った適用を求めています。なお，自社の取引実態や契約形態はさまざまであるため，各社は自社の取引に応じた収益認識に係る会計方針を検討する必要が生じます。

　物流業において主にポイントとなるのは以下のステップと考えられます。

- 貨物自動車運送サービスや貨物利用運送サービスは，集荷から配達完了までにリードタイムが生じるため，収益認識のための履行義務の充足時点（ステップ5）に係る判断が求められる場合が多いと考えられます。
- 今日の物流企業が担う業務が多岐にわたるため，契約における履行義務の識別（ステップ2）において判断が求められます。
- 物流企業が運送等の一部または全部を外部企業に委託している場合には，特定の財またはサービスの顧客への提供において，「本人」として関与しているのか，または「代理人」として関与しているのかの判定が必要となります（ステップ2）。

図表3-19-2　新しい収益認識における5つのステップ

ステップ1　顧客との契約の識別	「契約」の決定 ■ 口頭の約束・取引慣行等も含む契約を識別 ■ 関連する契約の結合を行う
ステップ2　履行義務の識別	契約により何を履行する義務を負うのかを識別 ■ 契約に含まれる履行義務ごとに会計処理を行う
ステップ3　取引価格の算定	契約ごとに取引価格を算定 ■ 変動対価（リベート等）などを考慮して取引価格を算定
ステップ4　取引価格の配分	取引価格を各履行義務に配分 ■ 独立販売価格の算定 ■ 取引価格を，各履行義務に，原則として独立販売価格の比率に基づいて配分
ステップ5　履行義務の充足（収益認識）	履行義務の充足時に収益認識 ■ 一定期間にわたり充足される場合（進行基準または原価回収基準） ■ 一時点で充足される場合（完了基準）

Q3-20　物流業における履行義務の充足による収益の認識

　貨物自動車運送サービス，貨物利用運送サービスでポイントとなり得る「履行義務の充足時の収益認識（ステップ5)」について教えてください。

Answer Point

- 貨物自動車運送サービスや貨物利用運送サービスでは，集荷から配達完了までにリードタイムがあることから，収益認識時点が論点となります。
- 収益認識会計基準等に当てはめた場合，履行義務の充足につれて収益を認識することになると考えられます。

解　説

（1）履行義務の充足（ステップ5）の基本的な考え方

　収益認識会計基準では，収益認識の時点について「企業は約束した財又はサービスを顧客に移転することにより履行義務を充足した時に又は充足するにつれて，収益を認識する」と定めています（収益認識会計基準第35項）。つまり，契約における取引開始日に識別された履行義務のそれぞれが，一定の期間にわたり充足されるのか，または一時点で充足されるのかを判定する必要があります。

　履行義務が一定の期間にわたり充足する場合とは，次の①から③の要件のいずれかを満たす場合であり，この時，財またはサービスに対する支配が顧客に一定の期間にわたり移転すると考えます（収益認識会計基準第38項）。

　①　企業が顧客との契約における義務を履行するにつれて，顧客が便益を享受すること

② 企業が顧客との契約における義務を履行することにより，財またはサービスが生じるまたは財またはサービスの価値が増加し，当該財またはサービスが生じるまたは当該財またはサービスの価値が増加するにつれて，顧客が当該財またはサービスを支配すること

③ 企業が顧客との契約における義務を履行することにより，別の用途に転用することができない財またはサービスが生じ，かつ，企業が顧客との契約における義務の履行を完了した部分について，対価を収受する強制力のある権利を有していること

　一定の期間にわたり充足される履行義務については，履行義務の充足に係る進捗度を見積り，当該進捗度に基づき収益を一定の期間にわたり認識することとなります（収益認識会計基準第41項）。

　一方で，上記の①から③の要件のいずれも満たさず，履行義務が一定の期間にわたり充足されるものではないと判断された場合には，一時点で充足される履行義務として，財またはサービスに対する支配を顧客に移転することにより当該履行義務が充足される時に，収益を認識します（収益認識会計基準第39項）。

（2）物流業における履行義務の充足に関する論点

　ここでは，集荷から配達に係る貨物の集配業務を対象として，履行義務が一定の期間にわたり充足されるかどうかを考えます。

　収益認識適用指針第9項によれば，収益認識会計基準第38項(1)の要件である「企業が顧客との契約における義務を履行するにつれて，顧客が便益を享受すること」に該当するかどうかの判定にあたり，仮に他の企業が顧客に対する残存履行義務を充足する場合に，企業が現在までに完了した作業を当該他の企業が大幅にやり直す必要がないときには，企業が義務を履行するにつれて，顧客が便益を享受するものとされています。

　集配業務が顧客独自の仕様のものではなく，また，複雑なものではなく，同業他社も提供できる場合を前提とすると，物流企業が集荷した貨物を何らかの理由により配達完了できない状況に至った時において，他の企業が物流企業に代わって残存する履行義務を充足するにあたり，契約上の制限および実務上の

制約はなく，また，当該他の企業は物流企業が現在支配するサービスから便益を享受しないという仮定を置くとされており，物流企業が現在までに完了した作業を当該他の企業が大幅にやり直す必要がないと考えられるため，サービスに対する支配を顧客に一定の期間にわたり移転することにより，一定の期間にわたり履行義務を充足し収益を認識すると判断されることになると考えられます（収益認識適用指針第９項(1)および(2)）。

　なお，参考までに，IFRS第15号の結論の根拠によると，一定の運送ロジスティクス契約について，商品が工程の一部だけしか輸送されなかったとしても，別の企業が企業の現在までの履行を実質的にやり直す必要がないため，顧客は企業の履行が生じるにつれてそこから便益を受けると考えたとされています（IFRS第15号BC126項）。

図表3-20　関連するIFRS第15号の結論の根拠の定め

IFRS第15号　BC第126項

両審議会は，顧客が企業の履行の便益を一定の期間にわたり受け取って消費するのかどうかが不明確なサービス型の契約があり得ることに着目した。これは，「便益」の概念が主観的となる可能性があるからである。例えば，企業が商品をバンクーバーからニューヨークに輸送することに同意している運送ロジスティクス契約を考えてみる。多くのコメント提出者が，顧客は商品がニューヨークまで配送されるまでは企業の履行から何の便益も受けないと指摘した。しかし，両審議会は，顧客は企業の履行が生じるにつれてそこから便益を受けると考えた。商品が行程の一部だけ（例えば，シカゴまで）しか輸送されなかったとしても，別の企業が企業の現在までの履行を実質的にやり直す必要がない。すなわち，別の企業が商品をニューヨークに運ぶためにバンクーバーまで戻す必要はない。両審議会は，そうした場合，現在までに完了した履行を別の企業が実質的にやり直す必要があるのかどうかの評価は，顧客が企業の履行が提供されるにつれて便益を受けるのかどうかを判定するための客観的な基礎として使用できると考えた。

※「両審議会」とは，国際会計基準審議会（IASB）と米国の基準設定主体である財務会計基準審議会（FASB）を指す。

Q3-21　物流業における履行義務の識別

運送附帯サービスでポイントとなり得る「履行義務の識別（ステップ2）」について教えてください。

Answer Point

- 荷主の要望に応じて多様なサービスを提供しているため，履行義務を適切に識別する必要があります。
- 企業と顧客の契約において，複数の財またはサービスが約束として含まれている場合には，それらの業務から顧客がどのように便益を享受するのか等について収益認識会計基準第34項等に照らし，それぞれの履行義務として識別すべきか，単一の履行義務として識別すべきかを評価する必要があります。

（1）履行義務の識別（ステップ2）の基本的な考え方

履行義務とは，顧客との契約において次のいずれかを顧客に移転する約束をいい（収益認識会計基準第7項），企業は，契約における取引開始日に顧客との契約において約束した財またはサービスを評価し，顧客に移転する約束のそれぞれについて履行義務を識別します（収益認識会計基準第32項）。

①　別個の財またはサービス（あるいは別個の財またはサービスの束）

②　一連の別個の財またはサービス（特性が実質的に同じであり，顧客への移転パターンが同じである複数の財またはサービス）

なお，顧客に約束した財またはサービスは，次の①または②の要件のいずれも満たす場合には，別個のものとなります（収益認識会計基準第34項）。

①　当該財またはサービスから単独で顧客が便益を享受することができるこ

と，あるいは，当該財またはサービスと顧客が容易に利用できる他の資源
を組み合わせて顧客が便益を享受することができること（すなわち，当該
財またはサービスが別個のものとなる可能性があること）

② 当該財またはサービスを顧客に移転する約束が，契約に含まれる他の約
束と区分して識別できること（すなわち，当該財またはサービスを顧客に
移転する約束が契約の観点において別個のものとなること）

（2）物流業における履行義務の識別に関する論点

一般的に物流企業が提供するサービスは複数のプロセス（集荷，入庫検品，
貨物保管，梱包出荷，仕分，配達等）で構成されています。たとえば，集荷や
配達に係る貨物の集配業務と入出庫に係る荷役業務の2つの約束が契約に含ま
れている場合，集配業務と荷役業務がそれぞれの履行義務として識別されるの
か，単一の履行義務として識別されるのかを評価する必要があります。

仮に，物流企業が提供する集配業務および荷役業務のそれぞれが顧客独自の
仕様のものではなく，また，複雑なものではなく，同業他社も同様のサービス
を提供できる場合には，顧客は別の集配業者，あるいは，別の倉庫業者が提供
するサービスと組み合わせて便益を享受することができるため，収益認識会計
基準第34項(1)「当該財又はサービスと顧客が容易に利用できる他の資源を組み
合わせて顧客が便益を享受することができること」に該当し，集配業務と荷役
業務は別個の履行義務となり得ると考えられます。

また，上記の仮定を前提として，収益認識適用指針第6項（「財又はサービ
スを顧客に移転する約束が，契約に含まれる他の約束と区分して識別できるか
どうかを判定するにあたっては，当該約束の性質が，契約において，当該財又
はサービスのそれぞれを個々に移転するものか，あるいは，当該財又はサービ
スをインプットとして使用した結果生じる結合後のアウトプットを移転するも
のかを判断する」）の原則および諸要因を考慮した場合，集配業務と荷役業務
は別々に履行できるため，顧客との約束は両業務を結合後のアウトプットに統
合するものではないと考えられます。加えて，顧客独自の仕様で集配業務を提
供するものではなく，荷役業務において特別な作業等が必要になる等の状況に
はないことから，両業務のそれぞれが他の業務を著しく修正するものではな

く, 相互依存性および相互関連性も高いとはいえないと考えられます。

　したがって, このような場合, 収益認識会計基準第34項(2)の要件「当該財又はサービスを顧客に移転する約束が, 契約に含まれる他の約束と区分して識別できること」も満たしているといえることから, 集配業務と荷役業務は別個のサービスであり, それぞれを履行義務として識別することが考えられます。

　なお, このように, 集配業務と荷役業務を別個のサービスと評価し, それぞれの履行義務を区別して把握した場合には, 取引価格をそれぞれに配分し, それぞれの履行義務が一時点で充足されるのか一定の期間にわたり充足されるのかを判定したうえで会計処理します。一方, 別個ではないサービスとして評価した場合には, それらを単一の履行義務として識別し, 当該履行義務が一時点で充足されるのか一定の期間にわたり充足されるのかを判定することとなります。

図表3-21　物流企業が提供する履行義務の評価（例）

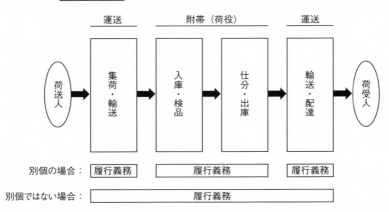

※ここでは, 集配業務と附帯（荷役）業務が別個の履行義務であるか, 単一の履行義務であるかという点に絞って解説するために, 集配業務と附帯（荷役）業務を構成する集荷, 入庫検品, 仕分出庫といった各プロセスを別個の履行義務として識別する必要がないという仮定を置いています。

Q3-22 物流業における本人と代理人の区分

貨物利用運送サービスでポイントとなり得る「本人と代理人の区分（ステップ2）」について教えてください。

Answer Point

- 貨物利用運送サービスは，運送の一部または全部において外部企業（実運送事業者）を利用して貨物を運送します。
- 顧客と約束した財またはサービスの提供における取引において，「本人」として関与しているのか，または「代理人」として関与しているのかにより，収益として認識する金額が異なることとなります。

解説

（1）本人と代理人の区分（ステップ2）の基本的な考え方

「本人」と「代理人」の区分は，顧客に約束した特定の財またはサービスのそれぞれについて判定する必要があります（収益認識適用指針第41項）。

顧客への財またはサービスの提供に他の当事者が関与している場合において，財またはサービスを企業が自ら提供する履行義務であると判断されるときには，企業が本人に該当すると考えます。このとき，当該財またはサービスの提供と交換に企業が権利を得ると見込む対価の総額を収益として認識します（収益認識適用指針第39項）。

一方，財またはサービスを他の当事者によって提供されるように企業が手配する履行義務であると判断されるときには，企業は代理人に該当すると考えます。このときには，他の当事者により財またはサービスが提供されるように手配することと交換に企業が権利を得ると見込む報酬または手数料の金額（ある

いは他の当事者が提供する財またはサービスと交換に受け取る額から当該他の当事者に支払う額を控除した純額）を収益として認識します（収益認識適用指針第40項）。

　本人か代理人かの判定にあたっては，最初に，顧客に提供する財またはサービスが何であるかを識別し，次に，財またはサービスのそれぞれが顧客に提供される前に，当該財またはサービスを企業が支配しているかどうかを評価するという手順に従って判断が行われます（収益認識適用指針第42項）。

　ここで財またはサービスに対する支配とは，当該財またはサービスの使用を指図し，当該財またはサービスからの残りの便益のほとんどすべてを享受する能力をいい，他の企業が財またはサービスの使用を指図して財またはサービスから便益を享受することを妨げる能力を含みます（収益認識会計基準第37項）。そして，他の当事者が提供する財またはサービスが顧客に提供される前に企業が支配しているときには，企業は本人に該当し，逆に顧客に提供される前に企業が支配していないときには，企業は代理人に該当することとなります（収益認識適用指針第43項）。また，企業が財またはサービスを顧客に提供する前に支配しているかどうかを判定するにあたって考慮する指標として，以下の指標が例示されています（収益認識適用指針第47項）。

①　企業が当該財またはサービスを提供するという約束の履行に対して主たる責任を有していること（これには，通常，財またはサービスの受入可能性に対する責任（たとえば，財またはサービスが顧客の仕様を満たしていることについての主たる責任）が含まれます）

②　当該財またはサービスが顧客に提供される前，あるいは当該財またはサービスに対する支配が顧客に移転した後（たとえば，顧客が返品権を有している場合）において，企業が在庫リスクを有していること

③　当該財またはサービスの価格の設定において企業が裁量権を有していること

（2）物流業における本人と代理人の区分に関する論点

　物流業における本人と代理人の区分を検討するにあたり，ここでは，集荷や配送に係る貨物の集配業務を対象として考えます。

　この集配業務のうち，顧客からの集荷および倉庫等への輸送を企業が委託先に委託してサービス提供している場合において，顧客に提供される前に，当該サービスを企業が支配しているかどうかという観点で，集配業務が本人として提供する履行義務であるか，代理人として手配する履行義務であるかを評価することとなります。

　仮に，物流企業が提供する集配業務のうち，当該物流企業の集配計画における集荷業務を委託先に委託する場合には，委託先が履行するサービスに対する権利を企業が獲得することにより，企業が当該委託先に対して顧客にサービスを提供するよう指図する能力を有すると考えられます。このように，物流企業が委託先にサービス提供を指図する場合には，収益認識適用指針第44項(2)「他の当事者が履行するサービスに対する権利」を企業が支配していると考えられ，企業は「本人」に該当することとなります。

　また，物流企業が提供する集配業務が，委託先によって単に集荷され輸送されるだけでなく，顧客の求めに応じて物流企業が貨物を集約し，仕分することで輸送を効率化すること等を行っている場合には，委託先から受領したサービスを，顧客に提供するサービスに統合する重要なサービス（収益認識適用指針第 6 項(1)参照）を企業が提供しており，収益認識適用指針第44項(3)「他の当事者から受領した財又はサービスで，企業が顧客に財又はサービスを提供する際に，他の財又はサービスと統合させるもの」の要件を満たし，この観点からも企業は「本人」に該当すると考えられます。

　このほか，物流企業が本人に該当するかの評価に際して，物流企業がサービスを顧客に提供する前に支配しているかどうかを判定するにあたっては，たとえば，委託先が集荷業務の過程で事故に遭い貨物が破損した場合において物流企業が危険負担する場合（収益認識適用指針第47項(1)），また，委託先が担う集荷業務に関して物流企業が価格裁量権を有している場合（収益認識適用指針第47項(3)）には，物流企業が本人として行動している可能性があるとされています。このように，顧客との約束において，委託先に委託する特定のサービスを企業が自ら提供する履行義務であるかどうかを総合的に判断する点に留意が必要です。

168

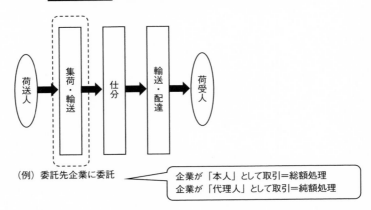

図表3-22 集配業務における本人と代理人

（例）委託先企業に委託

企業が「本人」として取引＝総額処理
企業が「代理人」として取引＝純額処理

第4章

貸借対照表からみた
運輸産業の会計

第4章では，運輸産業の貸借対照表に関する論点を見ていきます。運輸産業の貸借対照表の中でも重要な有形固定資産に関する論点が，その中心となります。

Q4-1 航空機の取得原価

航空機の取得原価の決定にあたってのポイントを教えてください。

Answer Point

- 航空機の取得にあたっては，契約上，取得金額の前払い，ディスカウント等のさまざまな要素が定められているため，各要素の会計処理について個別に検討して，取得原価を算定する必要があります。

解 説

（1）Pre-delivery Payments の会計処理

一般的に航空機の製造には数年を要し，その金額が多額になることから，航空機の製造業者に前払い（Pre-delivery Payments；以下，「PDP」という）を行うことが多くあります。前払いの目的は，航空機の購入枠の確保と，航空機メーカーに対して航空機製造資金の一部を提供することと考えられます。

PDPが航空機購入の前払いであり，手付金としての性格を有する場合には，当該支払額を建設仮勘定として会計処理することが適切と考えられます。この会計処理において，外貨建てのPDPの当初認識は，支払われた日における直物為替レートによって換算し，その後換算替えは行いません。

資産化したPDPは，使用可能となった時，すなわち，航空機が納品され事業の用に供された時に本勘定へ計上し，減価償却を開始することとなります。

（2）取得原価の計算要素

①　値引きおよび割戻し

　航空機の購入には，通常，航空機の納品に遅延が生じやすいことを考慮した特別な条件が契約上で合意されています。たとえば，通常の機体，エンジン，内装装置等の購入価格に加えて，大幅な割引やリベート，インセンティブを得ることがあります。

　取得原価は値引きおよび割戻しを控除したうえで決定する必要があり，ボリュームディスカウントやローンチカスタマーディスカウントといった一般的な割引については，航空機の取得価額から減額します。ローンチカスタマーディスカウントとは，航空機メーカーに対して新たな航空機の製造開発を踏み切らせるだけの十分な規模の発注を行い，その新型機製造計画を立ち上げる後ろ盾となっている顧客（航空会社）に対する値引きのことをいいます。

②　直接付随費用

　取得原価には，直接付随費用を含める必要があります。航空機に関連する直接付随費用には航空機登録免許税や耐空証明書費用，無線免許費用といったものが該当します。これには，事業の用に供するために必要な費用も含まれるため，たとえば，日本の航空会社が海外の航空会社から航空機を取得した場合，海外から日本へ輸送するコスト（燃料費など）も取得原価に含めるものと考えられます。

（3）部分的な整備や修繕などに向けての取得原価の管理

　航空機は大きく分けて機体，エンジン，客室，ランディングギアなどの要素から構成されます。このうち，エンジンについては，規格上，寿命が制限されている部品（たとえば，エンジンを構成するLife Limited Parts）が用いられており，当該部品については利用できる上限の回数（サイクル数）があるため，部分的な交換が行われるケースがあります。また，客室について内装イメージや機内コンテンツ充実などによる変更，機体についてもキャンペーン・ジェットなど機体塗装の変更や減耗・不具合による交換など，構成要素ごとにその交

換の時期はばらばらになることが多いといえます。

　このように，航空機の維持または管理においては，構成要素ごとに部分的な除却などが生じるケースも多いため，航空機全体の取得原価について，機体，エンジン，客室，ランディングギアなどの構成要素ごとに区分して金額を把握できるよう管理しておくことも必要と考えられます。

Q4-2　航空機の減価償却

　航空機を減価償却するにあたり，基本的な考え方やポイントを教えてください。

Answer Point

・航空機の減価償却については，わが国の航空会社の開示例を見る限り，定額法が一般的です。また，耐用年数の見積りにあたっては，経営者が使用を意図する期間に加え，エンジンの使用上限回数（フライト回数），定期的な検査や部品の交換ないし修繕の頻度等も考慮する必要があります。

解　説

（1）耐用年数

　会計上，資産の耐用年数は，企業にとって当該資産への投資効果が及ぶと期待される期間の観点から決定されます。航空機の設計上の寿命は，安全性の観点から20年程度とされていますが，安全性・定時性・快適性の維持向上のために定期的な検査や部品の交換ないし修繕が行われ，その頻度によって旅客機として利用可能な期間が変化します。また，航空機の検査に関する規制は航空法で定められていますが，具体的な検査方法，検査間隔は企業によって異なります。また，昨今の航空需要の高まりを受けて，航空機が世界的に不足する状況が続いており，航空会社が中古市場から航空機の調達を行うケースもあります。

　したがって，耐用年数の判断・見積りにあたっては，物理的減耗の度合いや利用可能期間を伸縮させるような整備や部品の交換などの影響も考慮して，耐用年数を決定する場合が多いと考えられます。

（2）減価償却方法

　減価償却方法には，定額法，定率法および生産高比例法といった方法が挙げられます。航空機の主な構成要素であるエンジンには，その規格上，寿命が制限されている部品（たとえば，エンジンを構成するLife Limited Parts）が用いられており，この実態との整合性を重視した場合，理論上はエンジンを利用できる上限と利用した回数（サイクル数）等に応じた生産高比例法（予測される使用に応じた費用計上）で減価償却を行うことも考えられます。しかし，日本基準では，会計上も著しく不合理でない限り，税法の規定に基づく「減価償却資産の耐用年数等に関する省令」に掲げられた資産区分に従って減価償却することが認められており，わが国の航空会社では，航空機の減価償却方法について，定額法を採用しているケースが多く見られます。

　航空機の税務上の減価償却方法としては，定額法と定率法のいずれかを選択することができます。また，航空機の法定耐用年数は，図表4-2-1のように定められています。

図表4-2-1　航空機の法定耐用年数

種　類	構造または用途	細　目	耐用年数（年）
航空機	飛行機	主として金属製のもの 最大離陸重量が130トンを超えるもの	10
		最大離陸重量が130トン以下のもので，5.7トンを超えるもの	8
		最大離陸重量が5.7トン以下のもの	5
		その他のもの	5
	その他のもの	ヘリコプターおよびグライダー	5
		その他のもの	5

（出所：減価償却資産の耐用年数等に関する省令 別表第一より一部抜粋）

（3）わが国における航空機の減価償却事例

　国内の航空会社では，図表4-2-2のように減価償却方法，耐用年数が採用されています。なお，残存価額については開示されていませんが，2007年度の税制改正により，2007年4月1日以後に取得をされた減価償却資産については，償却可能限度額および残存価額が廃止され，耐用年数経過時に残存簿価1円まで償却できるようになっています。

図表4-2-2　航空機の減価償却に係る開示例

	ANAホールディングス	日本航空	AIRDO	ソラシドエア
減価償却方法	主として定額法	定額法	定額法	定額法
耐用年数	9～20年	12～20年	6～10年	15～18年

（出所：各社の2019年3月期有価証券報告書より抜粋）

Q4-3 航空機に係る取得後支出（整備，部品交換）

航空機について，整備や部品交換を行った際の会計処理のポイントを教えてください。

Answer Point

- 航空機部品は，部品当たりの単価や繰り返し使用可能かどうかの形態，現物管理の状況などに応じて，買入時または払出時に費用として処理するか，固定資産として計上し保有期間にわたり償却計算を通じて費用化するなどの処理が考えられます。
- 航空機の整備については，エンジンおよび機体についてさまざまな方式および区分があり，会計処理の決定にあたっては，個々の整備の内容・金額に応じて発生時に費用処理するか，引当金を計上するかなどを判断する必要があります。

解説

（1）部品交換の会計処理

航空機は細かく分解すれば大小さまざまな部品が集まって構成されており，いずれも安全上の管理基準を満たす保管や記録方法が求められる点では共通していますが，その種類や金額，製品寿命はさまざまです。会計上の観点からは，大きく分けて次のとおりの特徴に分類することができます。

① 数量が多く，ほぼ使い捨ての部品（単価は数千円から数十万円程度までのものが多く，個別製造番号（Serial Number）なども付されていないケースが多い）

② メンテナンスをしながら製品寿命の範囲内で繰り返し使用される部品。機体および装備品について行われる日々の軽度な整備において，絶えず機

　　体への取付けまたは機体からの取卸しが行われる部品（数百万円から高額
　　なものでは数千万円するものもあり，個別製造番号（Serial Number）が
　　付されているケースも多い）

　上記の区分のうち，①の性質に分類される航空機部品は，販売目的ではなく
自社使用のために保有される一方，製品寿命が１年を超えなかったり，金額が
少額であったりするものが多いため，その買入時または払出時に費用として処
理するものと考えられます。
　一方，②の性質に分類される航空機部品は，スペアパーツとして日々の航空
機の運航には欠かせないものであり，製品寿命の範囲内で航空機と一体となっ
て運航に寄与する点で，１年を超える長期にわたり利用される事業用資産とみ
ることができるため，固定資産として計上し，保有期間にわたって償却計算を
行うことが考えられます。特に②の性質の部品について行われる交換は，必ず
しも航空機に装備している部品の寿命が到来した時点のみで行われるものでは
なく，定期的に航空機から取り卸して適切なメンテナンスを行うことで，再び
航空機に取り付け，繰り返し使用することができます。
　なお，リースにより使用する航空機は，再リースする場合を除き，リース期
間満了時に貸手に返却することになりますが，リース契約の多くは，航空機の
返却に伴い，装着した部品も併せて貸手に移転することを定めています。すな
わち，リース契約により保有している航空機についてメンテナンスや整備で部
品の交換を行った場合，元々機体に装着されていた部品は取り卸されてリース
の借手である航空会社所有のものとなる一方，交換前に航空会社が在庫として
購入，保有していた航空機部品は，機体とともに貸手であるリース会社へ返却
されることとなります。
　このようなケースにおいて，部品交換時の会計処理はさらに複雑になり，理
論上はリース機体への取付けを行った部品の除却処理と，リース機体から取り
卸した部品を取得する処理が部品交換の都度必要になると考えられますが，実
務では，取り付けた部品と取り卸した部品との間で，製品の残り寿命など経済
価値が大きく異ならない場合には会計処理を行わないケースもあるようです。

（2）整備費用の会計処理

　航空機は，航空法の下で耐空証明を受けなければ航空の用に供することができません。したがって，航空会社は国土交通省の定める基準に適合するように航空機を検査することが求められます。また，航空機の整備を効果的に行うことによって燃費の効率化や使用可能期間の長期化を図ることができるため，経済性の観点から法で定められた検査以外にも，あるいは，より厳しい水準で各社の整備規程を定めています。

　なお，検査と整備はその作業が明確に区分できるものではなく，一般的に整備と呼ばれているため，以下では「検査・整備」を「整備」と総称します。

　整備は，エンジンおよび機体のそれぞれについて必要であり，各航空会社が定める整備規程においてその実施間隔や程度がいくつかに区分されています。エンジンおよび機体についての一般的な整備区分や方式は，それぞれ図表4-3-1および図表4-3-2のようなものとなっています。機体そのものに対する整備は「機体整備」と呼ばれ，また，エンジンや装備品に対する「工場整備」は，取り卸されたエンジンや装備品をショップと呼ばれる専門のメンテナ

図表4-3-1　エンジン整備（工場整備）の区分

整備方式	整備内容
エンジン・オーバーホール	一定の使用時間限界内で機体から取り卸し，エンジンをパーツ単位まですべて分解し，手入れする方式。
エンジン重整備	使用時間限界内でエンジンを機体から取り卸して行う一連の分解整備。分解整備の時期と内容が，エンジンの構成部品単位に設定されていて，オーバーホールのように総分解手入れは行われない点が異なる。なお，重要な構成部品についてはサンプリング検査を並行して実施する。
オン・コンディション	使用時間限界を設定せず，エンジンを機体に装着したままの状態でエンジン・オイルの分析や外部からのスコープ検査を行い，その結果によって内部の状況を判定し，追加で必要な作業があれば取り卸し整備を行う方式。本方式が可能なものは比較的新型のエンジンが多く，いずれもモジュール構造となっていて，不具合のあるモジュールのみを交換するだけでエンジンを使用可能な状態に戻すことができる。

ンスセンターに搬入して実施されるため，shop maintenanceなどとも呼ばれます。

　図表4-3-1および図表4-3-2にあるように，航空機に対して必要となる整備は内容がさまざまであるため，会計処理の決定にあたっては次のとおり，個々の整備の内容・金額に応じて慎重に判断する必要があります。

　会計上は，A整備やB整備区分での機体整備およびオン・コンディション方式によるエンジン整備などのように，保守・修繕として日常的に実施されるものについては，実施した時点で費用として処理されるものと考えられます。一方，C整備やD整備区分での機体整備やオーバーホールおよび重整備によるエ

図表4-3-2　機体整備の区分

名称	実施間隔	整備期間	整備内容
A整備	約500〜800飛行時間ごとあるいは200〜400サイクルごと	夜間などの運航の合間	エンジン・オイル，作動油，酸素などの補充をしたり，発着回数や飛行時間に応じて傷みやすい動翼類，タイヤ，ブレーキ，エンジンなどを中心とした点検。
B整備	約4〜6カ月ごと	1〜3日以内	A整備の作業に加えて，特にエンジン関係を中心とした詳細な点検。B整備を設けず，必要な作業をA整備に分散実施してしまう航空会社も多い。
C整備	約15〜21カ月ごとあるいは一定の飛行時間ごと	運航を5〜10日間程度中止して実施	A，B整備の内容に加え，諸系統の配管，配線，エンジン，着陸装置などについて入念な点検が実施されるほか，機体構造の検査，各部の給油，装備品の時間交換などが行われる。
D整備	約5年間ごと	3〜4週間	機体をドックに入れて行われる最も重い整備。機体構造の内部検査および防錆処置，各システムの諸系統について徹底した点検，機能試験，機体の再塗装を行うほか，大規模な改修も同時に実施される。M（メジャー）整備といった名称で呼ばれることもある。

（参考文献：航空実用事典（http://www.jal.com/ja/jiten/））

ンジン整備のように，中長期的な整備計画をもって実施される比較的大規模な
整備の場合，航行の都度整備の必要性が高まり，将来の整備のタイミングおよ
びその支出額が一定の確度をもって見込まれるものと考えられるため，企業会
計原則注解（注18）の計上要件を満たす整備費用として引当金を計上し，整備
までの各期へ費用配分している事例もあります。特に，保有機材の少ないLCC
などの航空会社においては，比較的大規模な整備に係る費用を実施時の一時点
で処理すると，期間損益計算における歪みが大きくなります。定期整備計画等
により引当金の計上要件を満たす場合には，期間費用を適正に配分する観点か
ら，引当金を計上する傾向にあるようです。

　なお，航空機をリース契約により調達する場合であっても，機体およびエン
ジンのそれぞれについて，リース期間中の航行に必要な整備やリース会社への
機体返還時の整備が必要であり，借手が費用を負担し，実施するケースが一般
的です。これらの整備費用はリース契約上，リース料総額に含められておら
ず，上記と同様に整備の区分や会社ごとの実態に応じて処理する必要がありま
す。

Q4-4　航空機リース取引

　航空機リース取引について，会計処理のポイントを教えてくだ
さい。

Answer Point

- 航空会社が航空機リース契約の借手である場合には，借手が負担
  すべき整備費用分について，運航状況に応じた保証金（一般的に
  メンテナンスリザーブと呼ばれる）を借手から貸手に対して差し
  入れる場合があります。メンテナンスリザーブについては，保証
  金の返還条件次第で，返還見込みがない部分について引当金を計
  上するケースもあります。

解　説

(1) 航空機リース契約における保証金の会計処理

　航空機の整備費用は通常多額となることが多く，特にLCCをはじめとする航
空会社がリースの借手である場合には，リース会社のリスクヘッジのため，借
手が負担すべき重整備の費用について，運航状況に応じた保証金（一般的にメ
ンテナンスリザーブ（maintenance reserve）と呼ばれる）を貸手に差し入れ
る場合があります。メンテナンスリザーブの会計処理にあたっては，次の点に
注意する必要があります。

①　貸借対照表の表示

　メンテナンスリザーブは，リース契約に従いリース料とは別に重整備の費用
を対象として規定された金額を貸手に支払うことで積立が行われますが，借手
が実際に重整備の費用を負担した場合には，支払済の整備費用を上限として貸

手に請求し返還を受けるものであるため，金銭債権としての性質を有していま
す。したがって，借手の会計処理としては，支払時に保証金勘定として資産に
計上することになります。

　一方で，借手がリース期間中に実施する航空機材の重整備の費用のうち，整
備委託会社への支払が完了していないものなどについては，貸借対照表上では
未払金勘定として負債に計上することになります。

　リース会社に支払ったメンテナンスリザーブと，整備に係るコストとしての
負債を貸借対照表上で純額表示すべきか否かについては，会計制度委員会報告
第14号「金融商品会計に関する実務指針」第140項における相殺表示の条件を
満たす場合は貸借対照表上で資産と負債を相殺した純額で表示することも考え
られます。しかしながら，重整備については，リースの貸手とは異なる会社に
整備を委託することが一般的であり，そのような場合は，同一の相手先に対す
る債権債務とはならないため，貸借対照表上では保証金としての資産と整備コ
ストとしての負債は総額で認識することになるものと考えられます。

②　返還が見込まれない金額の費用認識時点

　メンテナンスリザーブは，リース期間中およびリース返還時における将来の
整備費用に対して積み立てられる保証金という性質を持ちますが，リース契約
における条件を満たした整備を実施した場合に，リースの借手はその金額を上
限として貸手に拠出額の返還を請求することが認められる，といった特殊な条
件が付与されているケースもあります。したがって，リース契約の条件や航空
会社がメンテナンスリザーブの返還請求直前に行う整備の内容次第では，その
一部について返還が見込めない場合があります。このように，将来の返還請求
時点において回収不能部分および損失の発生が見込まれ，引当金の計上要件を
満たす場合には，拠出済のメンテナンスリザーブ金額のうち回収不能見込額を
合理的に見積り，評価性の引当金を計上するケースがあります。

Q4-5　海運業における船舶の取得原価と減価償却

船舶の取得原価と減価償却の特徴について教えてください。

Answer Point

- 船舶の取得原価には，購入代価のほか，付随費用等が含まれます。
- 一定の条件のもとで，船舶の建造期間中の借入金利息を取得原価に算入する実務も行われています。
- 海運企業財務諸表準則において，定額法，定率法および運航距離比例法による減価償却が認められています。
- 耐用年数および残存価額は，経済的実態に基づいて見積ります。
- 取得原価と減価償却については，日本基準とIFRSに差異があります。

（1）船舶の取得原価

　船舶の取得原価には，他の固定資産と同様，当該資産の購入代価のほか，当該資産を事業の用に供するために直接要した費用（付随費用）が含まれます。

　購入代価に加えるべき付随費用としては，たとえば新造船の建造に係る監督業務費用，艤装員の給料諸手当，乗出し時の船用品代等があります。

　また，建造期間中の借入金利息は，原則として期間費用となります。ただし，建造期間が長期にわたり，かつ金額的に重要なもので，当該借入金が当該船舶の建造に直接紐付いている場合等，一定の条件を満たすものについては建造期間中の借入金利息を当該船舶の取得原価に算入する実務も行われています。

（2）減価償却方法

　海運企業財務諸表準則において，船舶の減価償却は，定額法，定率法および運航距離比例法のいずれかによることとされています。したがって，企業は資産の経済的便益の消費パターンを勘案し，減価償却方法を決める必要があります。なお，海運企業各社の有価証券報告書によると，定額法を採用している企業が多いように見受けられます。他方，運航距離比例法の採用事例は少ないようです。

（3）耐用年数および残存価額

　耐用年数は経済的使用可能期間を，残存価額は耐用年数到来時において予想される当該資産の売却価格から解体，撤去，処分等の費用を控除した金額を見積る必要があります。

　しかしながら，監査・保証実務委員会実務指針第81号「減価償却に関する当面の監査上の取扱い」において，法人税法に従った減価償却については，企業の状況に照らし，耐用年数または残存価額に不合理と認められる事情のない限り，当面，監査上妥当なものとして取り扱うことができるとされています。そのため，海運企業においても耐用年数や残存価額について法人税法の規定を参考にしている事例もあると推測されます。

　なお，法人税法に基づく耐用年数は図表4-5-1のようになり，残存価額はゼロ（ただし，2007年3月31日以前取得分については取得価額の10%）となりました。

（4）海運業の固定資産に関する日本基準とIFRSとの主要な差異

　海運業における固定資産に関する会計処理について，日本基準とIFRSとの主要な差異としては取得原価と構成部分に関する2つが挙げられます（図表4-5-2）。したがって，IFRSを適用する場合には，日本基準とIFRSの網羅的な把握と差異の調整について検討が必要です。

図表4-5-1　**法人税法に基づく船舶の耐用年数**

船舶法（明治32年法律第46号）第4条から第19条までの適用を受ける鋼船			その他のもの		
油そう船	総トン数が二千トン以上のもの	13年	鋼船	しゅんせつ船及び砂利採取船	7年
	総トン数が二千トン未満のもの	11年		発電船及びとう載漁船	8年
薬品そう船		10年		ひき船	10年
その他のもの	総トン数が二千トン以上のもの	15年		その他のもの	12年
	総トン数が二千トン未満のもの				
	しゅんせつ船及び砂利採取船	10年			
	カーフェリー	11年			
	その他のもの	14年			

（出所：「減価償却資産の耐用年数等に関する省令」別表第一「機械及び装置以外の有形減価
　　償却資産の耐用年数表」）

図表4-5-2　**海運業の固定資産に関する日本基準とIFRSとの主要な差異**

項　目	日本基準	IFRS
船の取得原価	船舶建造に際して竣工前に支出した借入金利息は原則として期間費用となるが，一定の条件のもと，取得原価に算入する実務も行われている。 通常，定期検査などに要する修繕費用は特別修繕引当金として処理されるため，取得原価に含めない。	船舶取得に際して竣工前に発生した船舶取得に直接起因する借入コストは，原則として取得原価に含める（IAS第23号第5項，第8項）。 資産としての認識基準を満たす大規模検査等の修繕費用も取得原価に含める（詳細はQ5-6「海運業におけるデリバティブ」参照）。
取得原価の総額に対して重要性のある構成部分	通常，船舶に付属する機器等は船舶と一体として減価償却する。	取得原価の総額に対して重要性のある各構成部分については，個別に減価償却する（IAS第16号第43項）。

Q4-6 海運業における減損会計

海運業における固定資産の減損会計の特徴について教えてください。

Answer Point 👆

- 資産グループは会社の状況に応じて，収支管理の単位等を参考に決定します。
- 海運業においては船舶の建造期間が数年と長期に及ぶ場合もあることから，建設仮勘定の減損の兆候にも留意が必要です。
- 減損損失の認識および測定においては，海運市況のボラティリティ（変動性）の高さを考慮する必要があります。
- 正味売却価額の算定上は，中古船の実勢取引価額や鑑定評価結果が利用できる場合があります。

解説

（1）減損会計の重要性

海運企業は将来の需要予測等に基づいて船舶への投資に関する意思決定を行いますが，海運市況はボラティリティが高く，投資後に海運市況が悪化することにより，投資額の回収が見込めなくなるリスクがあります。海運企業にとって船舶は質的にも金額的にも最も重要な事業用資産であり，減損会計を適切に適用することが重要です。

（2）資産のグルーピング

資産のグルーピングは，他の資産または資産グループのキャッシュ・フローからおおむね独立したキャッシュ・フローを生み出す最小の単位で行うことと

されています。通常，資産グループは収支管理の単位や投資意思決定の単位を考慮して決定しますが，これらは会社によりさまざまです。したがって，自社の管理会計上の区分や投資の意思決定を行う際の単位等を考慮して，経営実態を適切に反映するようにグルーピングする必要があります。

　なお，海運業においては，企業規模によってグルーピングの方法が異なっている様子が見受けられます（図表４−６）。

図表4-6　日本の外航海運会社における資産のグルーピング方法

海運企業名	グルーピングの方法
日本郵船	（決算期：2019年３月期） 当社及び連結子会社は，原則として事業用資産においては投資の意思決定を行う事業ごとにグルーピングを行い，賃貸不動産，売却予定資産及び遊休資産等においては個別物件ごとにグルーピングを行っています。
商船三井	（決算期：2019年３月期） 当社グループは，原則として，事業用資産については管理会計上の区分である事業ごとにグルーピングを行い，売却予定資産及び遊休資産等については個別資産ごとにグルーピングを行なっております。
川崎汽船	（決算期：2019年３月期） 当社及び連結子会社は，原則として事業用資産については継続的に収支を把握している単位ごとにグルーピングを行い，事業用資産のうち概ね独立したキャッシュ・フローが算出可能なもの，売却予定資産及び遊休資産については個別資産ごとにグルーピングを行っています。
NSユナイテッド海運	（決算期：2019年３月期） 当社グループは，船舶については個別資産ごとにグルーピングを行っております。また，将来の使用が見込まれていない資産や処分・廃止の意思決定をした資産については，個別にグルーピングを行なっております。
飯野海運	（決算期：2018年３月期） 当社グループは原則として船舶，賃貸不動産及び遊休資産等については個別物件ごとに，それ以外の資産については，共用資産としてグルーピングしております。

（出所：各社の有価証券報告書）

　大規模海運企業においては，たとえば，コンテナ船事業やフェリー事業など，事業ごとにグルーピングしているようです。一方，中規模海運企業におい

ては，船舶１隻ごとにグルーピングしている事例が多いようです。これは，海運企業の規模によって，保有船舶数や事業戦略が異なっており，収支管理の方法も異なっているためと推測されます。

　また，海運企業は，市場の将来の需要を予測しながら，船舶の調達・売却を通じて船腹量を調整しますが，このような企業行動において，会社が保有船を売却もしくは処分する意思決定を行った場合には，当初の資産グループから切り離して，当該処分予定資産をおおむね独立したキャッシュ・フローを生み出す最小の単位とすることが考えられます。

（3）減損の兆候

　「固定資産の減損に係る会計基準」および企業会計基準適用指針第６号「固定資産の減損に係る会計基準の適用指針」（以下，「減損会計基準等」という）に基づき，兆候が存在するか否かを判断します。減損会計基準等には減損の兆候の一般的な例示がありますが，海運業に特有な事象として，船価の著しい下落や造船計画の中止または大幅な変更等が減損の兆候に該当する場合もあるため留意が必要です。

（4）減損損失の認識と測定

①　将来キャッシュ・フローの見積り

　減損損失の認識の判定に際しては，将来キャッシュ・フローの見積りが必要となりますが，その見積りは通常長期間にわたるため，一般的に不確実性が高くなります。特に海運市況はボラティリティが高く，将来の予測は困難な面があるため，より慎重に見積る必要があります。

　また，使用価値の算定に際しては，現実の将来キャッシュ・フローが見積値から乖離するリスクを，見積将来キャッシュ・フローもしくは割引率のいずれかに反映させることが必要です。このため，海運市況のボラティリティの高さを十分に考慮したうえで，そのリスクを見積将来キャッシュ・フローもしくは割引率に反映させる必要があります。

②　正味売却価額の算定

　正味売却価額は，観察可能な市場価格が存在する場合には原則として市場価格に基づく価額を時価とし，観察可能な市場価格が存在しない場合には合理的に算定された価額を時価とします。

　ドライバルク船など汎用性がある船舶は，中古船の売買が活発に行われています。中古船マーケットで取引された売買価額は一般に入手可能なため，これらを基礎に正味売却価額を算定することができる場合があります。

　他方，一部の特殊仕様船など，汎用性が低く中古船の売買実績の乏しい船舶については，観察可能な市場価格が存在しないと考えられるため，合理的に算定された価額を時価とします。たとえば，信頼できる船価鑑定業者による鑑定評価結果を用いる方法などが考えられます。

Q4-7 海運業における定期検査等

海運業における船舶の定期検査等に関する会計処理について教えてください。

Answer Point

- 定期検査に要した費用は，資本的支出に関する部分と収益的支出に関する部分に区分し，資本的支出に関する部分は主として船舶勘定に，収益的支出に関する部分は修繕費に計上します。なお，修繕費部分は引当金の要件を満たすことが多いため，特別修繕引当金を計上することが一般的です。
- 法人税においては，次回の定期検査までの期間において特別修繕準備金を計上した場合には，直近（初めての場合には類似船舶）の定期検査費用の4分の3を限度として損金算入が可能です。
- IFRSにおいて，特別修繕引当金は現在の債務ではないことから引当金の要件を満たさないため，計上が認められないこととなります。

解 説

（1）定期検査等の会計処理

　船舶は，船舶安全法に基づき船舶検査を受けることが義務づけられており，主要な船舶検査として定期検査と中間検査があります。定期検査は，初めて船舶を航行させるとき（新造船のみ）と船舶検査証書の有効期限が満了したときに受ける検査です。また，中間検査は次回の定期検査までの間に受ける検査です。

　海運企業は，定期検査等に要する費用について適切な期間損益計算を行う観

点から，特別修繕引当金を計上するのが一般的です。特別修繕引当金繰入額は，海運業費用の船費として計上します。

　次回の定期検査等に係る修繕費用を合理的に見積るために，前回までの実績額，同一船型の実績額，修繕の必要箇所，鋼材価格の増減等も考慮しながら，合理的な見積りを行います。このとき，定期検査と同じ検査項目に関しては中間検査の費用が参考になる場合もあります。

（2）法人税と税効果

　税務上は，次回の定期検査までの期間において特別修繕準備金を計上した場合には，直近（初めての場合には類似船舶）の定期検査費用の4分の3を限度として損金算入が可能です。

　一方，会計上は，次回の定期検査における検査費用を合理的に見積って，引当金を計上します。会計上の引当金の金額と税務上の準備金の限度額との間に差異がある場合，税効果会計における一時差異が生じるため，将来期間で回収可能と認められる範囲で繰延税金資産を計上することとなります。

（3）IFRSの取扱い

　現行のIAS第37号「引当金，偶発負債及び偶発資産」においては，債務性（現在の法的または推定的債務）を有することが，引当金の認識基準の1つであるとされています。船舶所有者は，定期検査の有効期限内に船舶を売却または処分した場合には，当該船舶に対して次回の定期検査を受ける必要はありません。すなわち，次回の定期検査のために現在の債務を負っているわけではないと考えられるため，IFRSを採用する場合，特別修繕引当金は計上しないと考えられます。

　これに対して，IAS第16号「有形固定資産」第7項および第14項において，定期的に大規模な検査を実施することに伴う費用のうち以下の資産の認識基準を満たす場合は，支出時に資産として計上し，減価償却に含めて処理することとなります。

　①　有形固定資産に関する将来の経済的便益の企業への流入の可能性が高い
　②　取得原価を信頼性をもって測定できる

　この会計処理を採用する場合，船舶の当初取得時の検査費用は他の構成部分と分けて認識し，次回の定期検査までの期間で減価償却すると考えられます。そして，次回の定期検査費用が資産の認識基準を満たす場合には，改めて独立した構成部分として資産計上し，その次の定期検査までの期間で減価償却により費用化すると考えられます。

Q4-8　海運業における傭船（用船）契約とリース会計

　傭船（用船）契約の種類にはどのようなものがありますか。また，それぞれの会計処理について教えてください。

Answer Point 👈

- 傭船契約は裸傭船契約，定期傭船契約および航海傭船契約に大別されます。
- 傭船契約の種類によって，会計処理が異なります。

種　類	収益（または費用）の計上科目	リース取引に関する会計基準の適用
裸傭船契約	貸船料（または借船料）	適用範囲に含まれる
定期傭船契約	貸船料（または借船料）	一般的に適用範囲に含まれない（IFRSではIFRS第16号の適用範囲に含まれる）
航海傭船契約	運賃	適用範囲に含まれない

解　説

（1）傭船契約の種類と特徴

　傭船の形態にはさまざまなものがありますが，各傭船契約における船主（本来的には船舶の所有者だが，本項においては他の傭船契約により当該船舶を当該期間使用する権利を有する者を含む傭船サービスの提供者）と傭船者（傭船サービスの享受者）との関係に着目すると，裸傭船契約，定期傭船契約，航海傭船契約の３つに大別されます。各傭船契約の特徴は以下のとおりです。

①　裸傭船契約（Bareboat Charter，B/CまたはBBC）

　裸傭船契約とは，傭船者が一定期間，船舶を他の船主から雇い入れる契約で

す。

　裸備船契約において，備船者は船主の了承のもとに，船長の任命をはじめ船員の配乗，船舶の艤装（船体に各種装備を行うこと）を行うなど，本船の運航に関する一切の責任を引き受け，本船の管理権を掌握します。また，備船者は本船に係るすべての運航費と，船費のうち保険料，検査費用および修繕費を負担します（運航費，船費については，Ｑ3-13「海運業における費用の会計処理」参照）。

　一方，船主は一定期間，当該船舶を備船者に提供する義務を負います。

②　定期備船契約（Time CharterまたはT/C）

　定期備船契約とは，船主が船長や船員を配乗させて運航する船舶を，備船者が一定期間雇い入れる契約です。

　定期備船契約において，備船者は営業を目的とする当該船舶の運航について，船長および船員への指揮監督を行うことにより，当該船舶を運営します。そして，運航費のすべてを備船者が負担します。

　一方，船主は船長および船員を配乗させるとともに，船舶の保全と堪航能力の担保に関する責任を負います。

③　航海備船契約（Voyage CharterまたはV/C）

　航海備船契約とは，備船者が船舶を，ある特定の航海のために雇い入れる契約です。

　航海備船契約において，船主は特定船舶によって，特定貨物を，特定時期，特定航路，特定の条件（運賃など）で運送する義務を引き受けます。

　なお，航海備船契約にはさまざまな種類がありますが，主なものとして，対象となる航海の回数により，1航海について契約が交わされる一般航海備船契約と，複数回の航海について契約が交わされる連続航海契約とに分けられます。

（2）備船契約の会計処理

　備船契約の種類ごとに経済的実態が異なっていることから，会計処理もそれ

ぞれの契約に応じて異なっています。

①　裸傭船契約

　海運企業財務諸表準則別表第十六号表において，裸傭船により収受する（または支払う）傭船料は，貸船料（または借船料）として会計処理する旨が規定されています。

　ここで，裸傭船契約は船舶の賃貸借を伴うことから，企業会計基準第13号「リース取引に関する会計基準」（以下，「リース会計基準」という）が適用されるか否かが論点となります。

　裸傭船契約によって船主から傭船者に提供されるサービスを一言で表現すれば「船舶」であるといえます。すなわち，裸傭船において，船主は一定期間に限って傭船者に船舶のみを提供し，当該船舶の運航は傭船者が自ら行います。そのため，裸傭船契約の経済的実態は船舶の賃貸借契約とみなすことができると考えられます。したがって，裸傭船はリース会計基準にいうリース取引に該当し，同基準に従って会計処理することになります。

②　定期傭船契約

　海運企業財務諸表準則別表第十六号表において，定期傭船（期間傭船）により収受する（または支払う）傭船料は，貸船料（または借船料）として会計処理する旨が規定されています。

　ここで，定期傭船契約も裸傭船契約と同様に船舶の賃貸借を伴うことから，リース会計基準が適用されるか否かが論点となります。

　定期傭船契約によって船主から傭船者に提供されるサービスを一言で表現すれば「運送能力」であるといえます。すなわち，船主は自ら艤装し，船員を配乗させた船を用いることにより運航業務を遂行します。傭船者は当該船舶をどのように運営するかを決定することにより，当該定期傭船契約から経済的便益を享受します。

　したがって，傭船者が経済的便益を享受するために船舶自体の提供は重要な要素ではありますが，そのほかにも当該船舶の直接的な使用である運航業務をも含めたサービスを船主が提供する必要があります。

そのため，定期備船契約の経済的実態は単なる資産の賃貸借ではなく，資産の提供と運航業務等の役務の提供とが一体不可分となった契約と考えられています。したがって，わが国海運業の会計実務では，一般的に定期備船はリース会計基準にいうリース取引に該当しないと考えられています。

③ 航海備船契約

海運企業財務諸表準則別表第十六号表において，運送契約に係る収益は運賃に計上する旨が規定されています。

航海備船契約によって備船者に提供されるサービスを一言で表現すれば「運送」であるといえます。すなわち，船主は備船者のために，運送人として貨物を運搬し，引き渡す義務を負います。したがって，サービスの経済的実態から，航海備船契約は運送契約と同様の会計処理を適用することができると考えられます。

（3）IFRSの取扱い

IFRS第16号第22項において，リース契約における借手は，「開始日において，借手は使用権資産およびリース負債を認識しなければならない。」とされており，従来，オペレーティング・リースと分類されていたリース契約についても，使用権資産およびリース負債の認識が求められます。したがって，海外子会社が備船契約または港湾設備の使用契約の契約主体となっている場合等には，当該子会社の会計処理に関する下記の点について，慎重な判断が必要となります。

① リース契約の構成部分の分離

1つの契約がリース構成部分と非リース構成部分を含む場合には，それぞれの独立価格とその総額との比率に基づいて，契約における対価を各リース構成部分に配分する必要があります。たとえば，上述した定期備船は，日本のリース会計基準にいうリース取引に該当しないと整理されていますが，IFRSにおいては船舶の提供というリース構成部分と運航サービスという非リース構成部分を含む契約と考えられるため，その場合には，それぞれの独立価格を公表指

標や過去の実績値等を用いて算定し，リース契約の構成部分を分離する必要があります。ただし，観察可能な独立価格が容易に利用可能でない場合における観察可能な情報を最大限に利用して独立価格を見積る方法や，簡便的に非リース構成部分をリース構成部分と区別せずに全部リースとして処理する実務上の便法も認められています。

②　リース期間の決定

　海運業においては，船舶や港湾設備といった事業運営上の重要資産をリースにより調達する実務が広く行われています。リース契約を締結するにあたり，市況変動リスクの低減や資産流動化の観点から，リース期間の延長・解約や契約の自動更新等のさまざまなオプションが付されていることが考えられます。したがって，リース契約の契約期間を形式的にリース期間と設定するのではなく，過年度のオプション行使実績や将来のオプション行使見込み等を勘案したうえで，取引実態を反映したリース期間の設定が必要です。

Q4-9 鉄道業における取替法

鉄道業における取替法の会計処理について教えてください。

Answer Point ☝ ....

- 取替法は，鉄道事業会計規則による開示および工事負担金等の受入れに関する取扱いとともに，鉄道業の固定資産に特有の会計処理の1つです。
- 取替法の会計処理は，多くの実務において，法人税法に基づく方法と同様の方法で実施しています。

解説

（1）鉄道業における固定資産の会計的な特徴

　鉄道業における単体の貸借対照表においては，有形・無形固定資産について，一般的な建物，構築物，土地のような形態別の区分ではなく，鉄道事業，不動産事業等の事業別に区分して開示されています。これは，鉄道事業会計規則第14条において，鉄道業と兼営する他の事業について区分整理するよう定められているためです。

　また，各社の貸借対照表を比較してみると，都市部の鉄道会社では，地方に比べ，固定資産全体に占める不動産事業の割合が高くなっていることがわかります。

　さらに鉄道事業固定資産の内訳を見てみると，線路設備，停車場設備，電路設備を計上する「構築物」勘定が大きな割合を占めています。また，この中で，レール，まくら木その他種類および品質を同じくする多量の資産からなるものは取替資産とし，取替法による償却を実施することが鉄道事業会計規則第13条に定められています。

（2）取替法の会計処理

　鉄道事業会計規則では，第11条において，有形固定資産の減価償却を定率法または定額法により行うこととされています。また，第13条では，次のように取替資産について取替法によることが定められています。

（取替資産及びその取替の整理）
第13条　鉄道事業固定資産のうちレール，まくら木その他種類及び品質を同じくする多量の資産から成る固定資産で使用に堪えなくなった部分が毎事業年度ほぼ同数量ずつ取り替えられるものは，取替資産とする。
　2　取替資産の一部をこれと種類及び品質を同じくする新たな資産と取り替えた場合には，その新たな資産の取得原価を修繕費に計上するものとする。

　取替法は，レールやまくら木のように同種の資産が多量にあり，個別の減価償却計算が困難なものについて，取替えの際に取替えに要した金額を費用処理するものであり，事務処理上，非常に便利な方法です。とはいえ，線路の新設による増加や，木製まくら木をコンクリート製にするなど品質が向上する場合には取替えにはならず，新規の固定資産として計上しなければなりません。
　実務上は，後述する税務上の取扱いに記載した方法で，取得価額の50％まで減価償却を実施したうえで，取替法の処理をしているところもあるようです。

（3）IFRSにおける論点

　取替法を採用している場合，IFRSでは，一定期間ごとに取替えを必要とする構成部品について，資産の認識規準または認識要件（IAS第16号第7項）が満たされるときにはその取替コストを有形固定資産として認識する（IAS第16号第13項）とされています。

（4）税務上の取扱い

　法人税法では，納税地の所轄税務署長の承認を受けた場合に，取替法を選択することが可能であるとされており，損金算入限度額は次に掲げる2つの合計になります（法令第49条第2項）。
　①　当該取替資産につきその取得価額（中間省略）の100分の50に達するま

で旧定額法，旧定率法，定額法または定率法のうちその採用している方法により計算した金額

② 当該取替資産が使用に耐えなくなったため当該事業年度において種類および品質を同じくするこれに代わる新たな資産と取り替えた場合におけるその新たな資産の取得価額で当該事業年度において損金経理をしたもの

　まず①で取得価額の50％まで減価償却を実施したうえで，②でその後は取り替えた資産の取得価額を損金経理することができます。損金算入のメリットを得るために，実務上は法人税法の償却限度額まで費用処理しているところが多いようです。このためには，資産を同種類・路線ごと（地区ごと）にグルーピングするか，あるいは個別に償却計算を実施する必要があります。

Q4-10　鉄道業における減損会計

鉄道業における固定資産の減損会計の特徴について教えてください。

Answer Point ☝ ....

- 鉄道業における固定資産については，鉄道事業固定資産全体を１つの資産グループとすることが一般的です。
- 不動産事業や流通事業に係る固定資産については，通常，各物件や各店舗をグルーピングの単位とすることが多いと考えられます。

解　説

（１）鉄道業における固定資産減損の特徴

　一般事業者と同様，鉄道事業者においても，企業会計審議会が公表した「固定資産の減損に係る会計基準」および企業会計基準適用指針第６号「固定資産の減損に係る会計基準の適用指針」（以下，それらを総称して「減損会計基準等」という）が適用されるため，減損会計の適用に係る基本的な考え方に変わりはありません。

　鉄道事業会計規則第８条にも「鉄道事業固定資産の貸借対照表価額は，当該資産の取得原価から減価償却額を控除した価額とする。ただし，災害その他の理由により鉄道事業固定資産の価額が著しく低減したとき又は減損損失を認識すべきときは，適正な価額にするものとする。」と規定されています。

　しかし，減損会計基準等の具体的な適用にあたり，鉄道業で特徴的な点として，鉄道事業固定資産に関する資産グルーピングの方法が挙げられます。

　減損会計基準等において，資産のグルーピングは，他の資産または資産グ

ループのキャッシュ・フローからおおむね独立したキャッシュ・フローを生み出す最小の単位で行うこととされていますが，鉄道事業者が保有する各路線は，通常，接続してネットワークを形成しており，それらによるキャッシュ・イン・フローは相互補完的であるとの考え方から，各路線ごとにグルーピングを行うのではなく，鉄道事業固定資産全体を1つの資産グループとすることが一般的です。

ただし，路線の廃止等が行われた場合には，そのネットワークから離れることを意味するため，個別にグルーピングを行い，減損損失の計上要否について検討することになると考えられます。これは，鉄道事業者が保有する鉄道用地について，用途の変更等により遊休化するような場合においても同様です。

また，鉄道事業者は，鉄道業以外にも不動産業や流通業を営んでいることが多く，それらの事業に係る固定資産に関しても減損会計基準等の対象となります。

これらの事業において，管理会計上の区分や投資の意思決定を行う際の最小の単位は，通常，各物件や各店舗ごとになると考えられることから，それらを単位としてグルーピングを行うことが多いと考えられます。

ただし，駅構内等にて，鉄道事業者が直営あるいは外部の事業者に賃貸等を行い物品販売や飲食の店舗を出店するような場合には，実務上，資産のグルーピングの決定にあたり，当該店舗を鉄道業に付随するものとして取り扱うことも考えられます。

Q4-11　鉄道業における借入コスト

　鉄道業において，建設に充当した借入資金の利息の会計処理について教えてください。

Answer Point

- 鉄道事業会計規則において，建設に充当した借入資金の利息は資産の取得原価に含めることが認められていますが，その適用は任意です。
- IFRSにおいては，適格資産の取得，建設または生産に直接起因する借入コストは，資産の取得原価として資産化が強制されます。

解　説

（1）鉄道業における借入資金の利息に関する会計処理

　「企業会計原則と関係諸法令との調整に関する連続意見書」第三の第一 四の2において，「固定資産を自家建設した場合には，適正な原価計算基準に従って製造原価を計算し，これに基づいて取得原価を計算する。建設に要する借入資本の利子で稼働前の期間に属するものは，これを取得原価に算入することができる。」こととされていますが，同様に，鉄道事業会計規則第10条において，「建設に充当した借入資金の利息」を取得した資産の取得原価に算入することが認められています。

図表4-11　鉄道事業会計規則第10条

第10条　運輸開始前，鉄道事業の用に供するために建設工事により取得した固
　　　定資産については，当該資産の建設に充当した借入資金の利息で当該資産の
　　　使用開始前に生じたものは，当該資産の建設価額に算入することができる。
　2　運輸開始後，鉄道事業の用に供するために次に掲げる建設工事により取
　　　得した固定資産については，当該資産の建設に充当した借入資金の利息で
　　　当該資産の使用開始前に生じたものは，当該資産の建設価額に算入するこ
　　　とができる。
　一　変電所，車庫，工場又は停車場の新設工事
　二　複線（三線以上を含む。）工事
　三　電化又は昇圧の工事
　四　軌間拡張又は線路移設の工事
　五　地表線を高架線又は地下線に変更する工事
　六　前各号の工事に準ずる大規模な工事

（2）IFRSにおける借入コスト

　IFRSにおいては，IAS第23号「借入コスト」に基づき，適格資産の取得，建設または生産に直接起因する借入コストは，資産の取得原価として資産化し，その他の借入コストは費用として認識することになります。ここで，「適格資産の取得，建設または生産に直接起因する借入コスト」とは，適格資産に関する支出が行われなかったならば避けられた借入コストとされています。

　特定の適格資産を取得する目的で，特別に資金を借り入れた場合には，当該適格資産に直接関連する借入コストを識別することは比較的容易と考えられますが，個々の借入金と適格資産との直接的な関係を識別することや，適格資産を取得するための支出がなければ避けられたであろう借入金を特定することが困難な場合も想定されます。

　鉄道事業会計規則との主な相違点としては，鉄道事業会計規則ではあくまで任意規定ですが，IFRSでは借入コストの資産化が強制されること，また，鉄道事業会計規則では適用の範囲が鉄道事業の用に供する固定資産に限定されているのに対し，IFRSでは適格資産の定義に該当する限り，それに限定されないことが挙げられます。

　なお，ここでいう適格資産とは，意図した使用または販売が可能となるまでに相当の期間を要する資産であり，IAS第23号第７項では，その例として，棚卸資産，製造工場，発電設備，無形資産および投資不動産を挙げています。鉄道業における適格資産として，たとえば，事業の用に供するために建設された停車場建物，軌道，高架橋およびトンネルなどが考えられます。

　また，借入コストとは，企業の資金の借入れに関連して発生する利息およびその他の費用であり，IAS第23号では，例として，以下の費用が挙げられています。

- IFRS第９号「金融商品」に示されている実効金利法で計算した金利費用
- IFRS第16号「リース」の要求事項に従って認識したリース負債に関する金利
- 外貨建借入金から発生する為替差損益で金利コストに対する修正とみなされる部分

　鉄道業においては，社債および金融機関からの借入金により発生する支払利息などが考えられます。

（3）IFRSに基づく借入コストの資産化処理例

　企業が一般目的で資金を借り入れた場合には，適格資産を取得するためにそれを使用した範囲で，当該資産に係る支出に「資産化率」を乗じて，資産化に適格な借入コストの金額を算定することとされています。

　この資産化率とは，適格資産を取得するために特別に行った借入れを除く，企業の当期中の借入金残高に対する借入コストの加重平均としなければならず，また，期中に資産化される借入コストの金額は，期中に発生した借入コストの金額を超えてはならないとされています（IAS第23号第14項）。

　また，適格資産に係る支出については，現金の支払，現金以外の資産の譲渡または利付負債の引受けとなる支出だけが含まれ，その支出額は，受け取った中間金および当該資産に関連して受け取った補助金の分だけ減額するとされています（IAS第23号第18項）。

　以下，IFRSに基づく借入コストの資産化処理例を確認しましょう。

例 1 IFRSに基づく借入コストの資産化処理例

1．前提条件

　A鉄道事業者（以下，「A」という）は，20X1年3月31日に終了する事業年度より，新規に鉄道路線の建設を開始した。建設予定期間は20X0年10月1日から20X2年3月31日であり，総建設費用は6千億円を予定している。

　Aは建設費用の調達にあたり，総建設費用のうち3千億円については外部からの借入金により調達することとし，差額の3千億円については政府より補助金（20X1年4月1日に交付。なお，IAS第20号における国庫補助金の要件を充足している）を受け取る。

　外部からの借入金3千億円については，Aは新たにZ銀行から2千億円の借入れ（20X0年7月1日借入れ，固定金利4％。以下，「特別目的借入金」という）を行い，残額1千億円については，従前より有していた借入金（期中の利息合計を加重平均による借入金残高合計で除して算定した資産化率は3％。以下，「一般目的借入金」という）を充当する。

資金調達時期		外部からの借入金	政府からの補助金
既　存	－	1千億円（3％）	－
新　規	20X0年7月1日	2千億円（4％）	－
	20X1年4月1日	－	3千億円

　建設および資金調達はすべて予定どおりに行われている。20X1年3月31日に終了する事業年度中の平均建設仮勘定残高は1.5千億円，事業年度末建設仮勘定残高は2千億円であり，20X2年3月31日に終了する事業年度中の平均建設仮勘定残高は5.5千億円（前事業年度において資産化された借入コストを含む）である。

	平均建設仮勘定残高	事業年度末建設仮勘定残高
20X1年3月期	1.5千億円	2千億円
20X2年3月期	5.5千億円	完成のためゼロ

2．20X1年3月期の資産化額

　特別目的借入金利息の資産化額：$2千億円 \times 4\％ \times \dfrac{9}{12}カ月 = 60億円$

（注１）20X1年３月期の平均建設仮勘定残高1.5千億円は，特別目的借入金２千億円のみでまかなえている。

（注２）IAS第23号において，適格資産の当期中の平均帳簿価額（以前に資産化された借入コストを含む）は，通常，その期において資産化率を適用すべき支出の合理的な近似値であるとされている。

３．20X2年３月期の資産化額

　特別目的借入金利息の資産化額：２千億円×４％＝80億円

　一般目的借入金利息の資産化額：（5.5千億円－３千億円－２千億円）×３％＝15億円

（注１）20X2年３月期の平均建設仮勘定残高5.5千億円に対して，特別目的借入金２千億円と政府からの補助金３千億円を充当し，残額については一般目的借入金を充当している。

Q4-12　鉄道業における貯蔵品と予備品

鉄道業において，貯蔵品と予備品はどのように区別しますか。

Answer Point

- 取替資産のうち未使用の物品は，貯蔵品として処理されます。
- 車両の駆動装置など繰り返して使用される専用の部品の予備品は固定資産として処理され，予備品は車両と一体のものとして減価償却を実施します。
- 日本基準とIFRSでは棚卸資産の定義が異なるため，留意が必要です。

解説

（1）鉄道業における貯蔵品

　鉄道事業会計規則第15条では，「鉄道事業の用に供するために取得した物品（固定資産勘定に整理されるものを除く。）は，貯蔵品勘定に整理しなければならない。」とされており，別表の勘定科目表では，図表4-12-1のように規定されています。

図表4-12-1　鉄道事業会計規則 別表第1 勘定科目表抜粋

款	項	摘　要
貯蔵品	（鉄道事業） 工事用品	保線用品，車両用品，電気通信用品，建築用品等
	運転用品	燃料，油脂等
	業務及び事務用品	乗車券，被服，事務用品，燃料等

（2）工事用品に該当する物品

　図表４-12-１のとおり，鉄道業の工事用品には，保線用品，車両用品，電気通信用品，建築用品等が例として挙げられていますが，一方で，鉄道事業会計規則第15条の定義では，固定資産勘定に整理されるものは除くとされていることから，主に鉄道施設や車両などの修繕用に保有している材料や部品が該当すると考えられます。

　なお，レールやまくら木，電車線などの保線用品や電気通信用品は，新設時には固定資産に計上されますが，通常の取替え時には取替資産として修繕費処理されるため，未使用のものが貯蔵品に計上されることになります。

（3）車両の予備品の取扱い

　鉄道会社では，車両を購入した後の日常のメンテナンスや定期検査を自社で実施しているケースが多くあります。この際に交換される部品は，通常，使用時には修繕費処理されるため，未使用のものは貯蔵品に計上され，管理されているものと考えられますが，駆動装置など修繕を繰り返しながら取り替えて使用され，固定資産の要件を満たすものは，取得時には予備として保管されるものであっても固定資産に計上されるものと考えられます。

　なお，予備品は，税務上，車両と一体のものとして取り扱うことができると考えられるため，故障や定期検査等により実際に取り替えたときではなく，常備された時点で事業の用に供したものとして，減価償却を開始できるものと考えられます（図表４-12-２参照）。

図表4-12-2　法人税基本通達

（常備する専用部品の償却）
７-１-４の２　例えば航空機の予備エンジン，電気自動車の予備バッテリー等のように減価償却資産を事業の用に供するために必要不可欠なものとして常備され，繰り返して使用される専用の部品（通常他に転用できないものに限る。）は，当該減価償却資産と一体のものとして減価償却をすることができる。

（4）IFRSにおける論点

　IFRSでは，IAS第2号「棚卸資産」で棚卸資産の測定および開示について定めており，第6項では，棚卸資産を次のように定義しています。

- 通常の事業の過程において販売を目的として保有されるもの
- そのような販売を目的とする生産の過程にあるもの
- 生産過程またはサービスの提供にあたって消費される原材料または貯蔵品

　一方，日本基準では，企業会計基準第9号「棚卸資産の評価に関する会計基準」第3項において「棚卸資産は，商品，製品，半製品，原材料，仕掛品等の資産であり，企業がその営業目的を達成するために所有し，かつ，売却を予定する資産のほか，売却を予定しない資産であっても，販売活動及び一般管理活動において短期間に消費される事務用消耗品等も含まれる」とされています。したがって，IFRSでは事務用消耗品等については，上記の定義を満たさない限り棚卸資産には該当しない点に留意が必要です。

　鉄道会社の保有する貯蔵品は，「通常の事業の過程において販売を目的として保有されるもの」や「そのような販売を目的とする生産の過程にあるもの」に該当するものではないため，「生産過程またはサービスの提供にあたって消費される原材料または貯蔵品」に該当するかが貯蔵品を会計処理する際のポイントとなるものと考えられます。

　なお，IAS第16号により，設備の主要な交換部品や予備品は，有形固定資産の定義を満たす場合には有形固定資産として分類することが要求されます。

Q4-13　鉄道業における補助金

鉄道業における補助金のポイントを教えてください。

Answer Point

- 圧縮記帳の会計処理には直接減額方式と積立金方式があります。
- 鉄道業の補助金には固定資産の建設のための工事負担金等が多いため，鉄道業において特別の開示が求められています。
- IFRSには日本のような圧縮記帳の制度はありませんが，IAS第20号において政府補助金の会計処理が定められています。

解説

（1）鉄道業における補助金の特徴

　補助金には，固定資産の購入・建設のための補助金と，事業に係る損失や一定の経費を補填するための補助金があります。鉄道業は公共的な設備産業であることから，固定資産の購入・建設のための補助金が多くなります。国土交通省のホームページによれば，国における鉄道助成制度には，鉄道駅のバリアフリー化設備のための補助，地域鉄道事業者が行う安全性の向上に資する設備のための補助，災害復旧事業費の補助などがあります。また，鉄道・運輸機構のホームページによれば，整備新幹線助成事業や主要幹線鉄道助成事業，都市整備補助事業などがあり，さらに，鉄道事業者に直接交付される補助金として，安全・防災対策等の助成事業に関する落石・なだれ等対策や踏切保安設備整備費の補助があります。

　また，これらの補助金のほかに，鉄道事業者は特定の駅や線路設備などの建設費用に充てるため，受益者から工事負担金を受領しています。特に高架化事業などでは，建設工事も大規模で，工事負担金の受入額も巨額になります。

　補助金や工事負担金の受領は，法人税法上，益金に算入されるため，税金の支払が増えてしまい，補助金・工事負担金の効果が薄れてしまいますが，これを防ぐために，法人税法上，圧縮記帳という制度があります。圧縮記帳は，受け取った補助金や工事負担金の額を限度として，取得した固定資産の取得価額から減額して損金算入する処理で，補助金や工事負担金の益金算入により増えてしまった課税所得を減額する効果があります。これにより，工事完成時の税金の支払が軽減される一方，固定資産の取得価額が減額されることにより，その後の毎期の減価償却費は減少して課税所得が増えます。すなわち，取得時の一時的な課税を後に繰り延べて，圧縮記帳を行った年度の税負担を軽減することになります。

（2）工事負担金等の圧縮記帳

　圧縮記帳は法人税法上の規定によるもので，法人税法の要件を満たさないものは圧縮記帳できません。たとえば圧縮対象について，補助金については国庫補助金等の範囲が限られ（法令第79条），また，工事負担金については鉄道業や電気事業などを営む事業によって限られ，かつ受益者から交付を受けたものに限られます（法令第45条，法令第83条の２）。法人税法上，圧縮対象にならなかったものは，圧縮せずにそのまま収益として計上することになります。

　圧縮記帳の会計処理には，直接減額方式と積立金方式があります。

例 1　圧縮記帳の会計処理

１．前提条件

工事負担金を60受領し，固定資産の建設工事が100完成した。

２．会計処理

(1)　直接減額方式

①　工事負担金受領時

(借) 現 金 及 び 預 金	60	(貸) 前 　 受 　 金	60

② 工事完成時

（借）固　定　資　産	100	（貸）建　設　仮　勘　定	100
（借）前　　受　　金	60	（貸）工事負担金受入額	60
（借）固定資産圧縮損	60	（貸）固　定　資　産	60

(2) 積立金方式

① 工事負担金受領時

（借）現 金 及 び 預 金	60	（貸）前　　受　　金	60

② 工事完成時

（借）固　定　資　産	100	（貸）建　設　仮　勘　定	100
（借）前　　受　　金	60	（貸）工事負担金受入額	60
（借）繰 越 利 益 剰 余 金	60	（貸）圧　縮　積　立　金	60

圧縮積立金は減価償却に応じて取り崩していく。

　直接減額方式の場合，貸借対照表の固定資産が40となり，損益計算書上は，工事負担金受入額と固定資産圧縮損を計上することにより，利益への影響額は０となります。一方，積立金方式の場合，貸借対照表の固定資産が100となり，損益計算書上，工事負担金受入額60が利益となります。このように，会計処理方法の違いにより，固定資産の計上額や利益の計上額に差が出てきます。ただし，両者の利益の差である60については，積立金方式の方がその後の減価償却費が多くなるため，将来的には解消されることになります。

（3）鉄道業での取扱い

　鉄道業では固定資産の建設のための補助金や工事負担金等を受領するケースが多く，圧縮記帳の金額も大きいことから，圧縮記帳の処理方法の違いにより，固定資産の計上額や利益の計上額に重要な影響が出ます。これに対応するため，日本公認会計士協会より，業種別監査委員会報告第29号「鉄道業における工事負担金等の圧縮記帳処理に係る監査上の取扱い」が公表されており，鉄

道業として特別に，下記の事項を財務諸表に開示することが求められています。

- 工事負担金等の会計処理方法について重要な会計方針としての開示
- 貸借対照表注記として，固定資産の取得価額から直接減額された工事負担金等累計額
- 損益計算書注記として，工事負担金等受入金と固定資産圧縮損を相殺して表示している場合はその相殺された金額

これらの項目が開示されることにより，圧縮記帳の処理方法の違いによる，固定資産計上額や利益への影響額を把握することが可能となります。

（4）IFRSにおける論点

IFRSでは，IAS第20号「政府補助金の会計処理及び政府援助の開示」が公表されています。日本の圧縮記帳のように，課税の繰延べのための制度ではありませんが，IAS第20号第17項によると，償却資産に関する政府補助金について，当該資産の減価償却費が認識される期間にわたり，その割合に従って純損益に認識することが求められており，会計処理の効果は圧縮記帳と似ています。

IAS第20号第26項および第27項によると，「資産に関する補助金」には，次の2つの表示方法があります。

① 補助金をいったん繰延収益に計上し，それを資産の耐用年数にわたり，規則的に純損益に認識する方法
② 取得原価から補助金を直接控除して，資産の帳簿価額とする方法

例2 IFRSにおける「資産に関する補助金」の表示方法

1．前提条件

固定資産の建設工事が100完成し，補助金を60受領した。初年度に減価償却を10％実施した。

２．会計処理

(1)　繰延収益を計上する方法

（借）固　定　資　産	100	（貸）建　設　仮　勘　定	100
（借）現 金 及 び 預 金	60	（貸）繰　延　収　益（負　債　項　目）	60

（減価償却実施時）

（借）減 価 償 却 費	10	（貸）固　定　資　産	10
（借）繰　延　収　益（負　債　項　目）	6	（貸）補　　助　　金(注)	6

(2)　補助金を直接控除する方法

（借）固　定　資　産	100	（貸）建　設　仮　勘　定	100
（借）現 金 及 び 預 金	60	（貸）固　定　資　産	60

（減価償却実施時）

（借）減 価 償 却 費	4	（貸）固　定　資　産	4

（注）繰延収益を計上する方法には，純損益に認識した補助金を収益として開示している例と，減価償却費からの控除として開示している例がみられます。

　IFRSによる会計処理の効果は圧縮記帳と似ていますが，IFRSの規定は政府補助金の認識をその関連コストと対応させるためのものであるため，課税の繰延べを目的とした日本の圧縮記帳とは趣旨が異なり，かつ，対象範囲も異なるので注意が必要です。すなわち，IAS第20号第３項によると，「政府」の定義には，地方，国家または国際機関，政府，政府機関およびそれに類似する機関が含まれ，また，固定資産の購入や建設のための「資産に関する補助金」と「収益に関する補助金」も含まれます。これらの定義に該当した政府補助金について，補助金の補償の目的である関連コストを企業が費用として認識する期間にわたって，規則的に純損益に認識することが求められています（IAS第20号第12項）。

　なお，IAS第20号第７項では，企業が補助金交付のための付帯条件を満たし，かつ補助金を実際に受領することについて，合理的な保証が得られるまで政府補助金は認識してはならないとされています。

Q4-14 物流業における車両の会計処理

車両の取得原価，減価償却および修繕費に関する留意点について教えてください。

Answer Point ☝ ....

- 取得原価の決定においては，諸費用（付随費用）の内容に応じた会計処理が必要です。
- 減価償却の実施は，一般的には税法基準によることも少なくありませんが，企業の状況に照らして償却方法や耐用年数が不合理なものとなっていないか留意が必要です。
- 車両の維持管理に関わる費用についても，その内容に応じた会計処理が必要です。
- 車両のファイナンス・リース取引の判定においては，物流業における車両の重要性を考慮することが必要です。

解 説

（1）取得原価の決定

車両を購入した場合，車両の本体価格以外にさまざまな諸費用（付随費用）が発生することから，各諸費用の内容に応じて適切に会計処理することが必要になります。

① 自動車取得税

自動車取得税は，都道府県が自動車の取得に対して，その取得者に課す地方税です。これは自動車を取得（購入）した時に課税され，当該資産の付随費用と考えられるため，原則的には，取得原価に含めるものと考えられます。

IFRSでも同様に，取得原価に含めることが求められています。ただし，税務上は取得原価に含めないことも認められています（法基通7-3-3の2）。なお，2019年10月1日から自動車取得税は廃止され，新たに環境性能割が導入されていますが，これにより自動車の燃費性能等に応じて税率が変わるものの，自動車の取得に対して取得者に課される税であることに変わりはないため，会計処理には違いは生じないと考えられます。

②　自動車重量税

　自動車重量税とは，検査自動車および届出軽自動車にかかる国税であり，自動車車検証の交付を受ける者が，新車購入時および車検時に車両の重量等に応じて課税されます。自動車重量税は自動車を保有することにかかる費用と考えられ，支出時に費用処理することが一般的です。

③　自動車リサイクル料金

　自動車リサイクル料金とは「使用済自動車の再資源化等に関する法律」（自動車リサイクル法）に基づき，使用済自動車に係る廃棄物の適正な処理および資源の有効な利用の確保等を目的として新車購入時または車検時に自動車の所有者が負担する料金です。自動車リサイクル料金は，当該自動車が廃棄処分されるまで資産管理法人である財団法人自動車リサイクルセンターに預託されることになります。自動車リサイクル料金に係る会計処理は，支払時に「リサイクル預託金」等の科目で資産計上したうえで，廃車あるいは売却時までに費用処理することが一般的です。

④　その他

　自動車取得時に支払うその他の費用として自賠責保険料や車検費用などがありますが，これらの支出は原則として保険期間や車検の有効期間にわたって費用処理することが考えられます。

（2）減価償却の実施

　車両に対する適正な減価償却計算を実施するためには，減価償却単位，減価

償却方法（定額法，定率法など），耐用年数および残存価額を適切に決定する必要があります。一般的には法人税法の規定に従った減価償却を実施することもありますが，近年は減価償却方法，耐用年数および残存価額を企業の状況に照らして見直しを行い，減価償却方法の変更を行う例も見受けられます。具体的には，車両の経済的便益の消費は走行距離と関連性が高く，購入から廃棄までの期間で安定的な稼働が見込まれる場合は，減価償却方法を定率法から定額法などに変更することが考えられます。また，物流業における車両は長期間使用されることが見込まれる場合が多いことから，平均使用年数などを基礎に算定した耐用年数など，税法の耐用年数よりも長い期間で償却計算を行うことも考えられます。

なお，物流業における車両の減価償却費の計上区分については，営業拠点や配送拠点で保有している物流業に直接関連する車両は営業原価で計上し，それ以外の車両（役員用の社有車など）は販売費および一般管理費で計上するのが一般的です。

（3）車両の維持管理

車両を維持管理するためには，前述の車検費用のほかに自動車税や修繕費用などの支出が発生します。

① 自動車税

自動車税とは，自動車に対し，4月1日時点の所有者に対して課される地方税であり，車種や総排気量などの区分により年額が定められています。自動車税は当該自動車を所有・維持するための費用であるため，納付時に租税公課として費用処理することが一般的と考えられます。なお，物流業の場合，車両に係る各種の費用をその使用目的に応じて営業原価と販売費および一般管理費に区分して計上することが多く，自動車税の計上区分についても留意が必要となります。

② 修繕費用

通常，物流業では多くの車両台数を所有しているため，車両の修繕費用も多

額に計上される傾向にあります。車両に係る修繕費用には，車両修理，オイル交換，パンク修理，タイヤ交換，その他部品交換などが含まれます。これらの修繕費用は，車両の本来の機能を維持する目的で支出されるものであり，支出時に費用処理することが一般的です。なお，計上区分についても自動車税などと同様に，車両の使用目的に応じて決定する必要があります。

（4）車両のリース取引

　車両については，リース契約により調達するケースが多いと考えられます。リース取引については，企業会計基準第13号「リース取引に関する会計基準」および企業会計基準適用指針第16号「リース取引に関する会計基準の適用指針」に従って適切に会計処理を行う必要があります。特に留意すべきポイントとして，物流業を営む企業の事業内容に照らして重要性が乏しいケースとは本社の役員車など限定されたケースであり，事業に使用する車両については，通常重要性があると考えられることから，300万円以下の車両に係るリース取引の簡便的な取扱い（通常の賃貸借取引に準じて会計処理を行うこと）の可否については，慎重な判断が求められる点が挙げられます。

　なお，IFRSにおいては，国際会計基準審議会（IASB）からIFRS第16号「リース」が公表され，2019年1月1日以降開始される事業年度から適用されています。IFRS第16号では，原則としてすべてのリース取引を資産計上する処理が求められているため留意が必要となります。

Q4-15 物流業における減損会計

物流業において固定資産の減損会計を適用する際，資産のグルーピングの考え方と留意点について教えてください。

Answer Point

- 固定資産のグルーピング方法は，原則的には管理会計上の営業所・事業所単位，物理的に独立した倉庫単位等が考えられますが，投資の意思決定を行う単位として支店単位や事業単位も考えられます。

解説

（1）固定資産のグルーピング単位の考え方

固定資産の減損に係る検討過程の中でも実務的に重要な課題の1つが，資産のグルーピングの単位と考えられます。固定資産の減損会計上，資産のグルーピングは「他の資産又は資産グループのキャッシュ・フローから概ね独立したキャッシュ・フローを生み出す最小の単位」で行うことが原則とされています（「固定資産の減損に係る会計基準」二6．（1））。また，実務的には，管理会計上の区分や投資の意思決定を行う際の単位等を考慮してグルーピングの方法を定めることになるとされています（「固定資産の減損に係る会計基準の適用指針」第7項）。

ここで問題となるのが，物流業を営む会社が全国にその営業所・事業所（以下，「営業所」という）や倉庫設備等を設けている場合には，独立した最小単位は特定しやすいものの，各営業所や倉庫は相互補完性を有しており，どこまでの資産をグルーピングするかという点です。

全国的に展開している物流業の組織形態および業務フローは，図表

4-15-1，図表4-15-2のとおりです。通常，物流業務は単一の営業所のみで業務活動が完結しているわけではなく，貨物を預かる営業所と貨物を配送する営業所，さらには営業所間の貨物運送のベースとなるトラックターミナルなどによって1つの貨物の運送が行われます。

図表4-15-1　運送業の組織

(出所：監査法人トーマツ『業種別　減損会計の実務』)

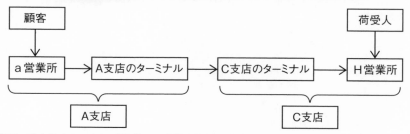

図表4-15-2　業務の流れ―荷物の引取りから引渡しまで

(出所：監査法人トーマツ『業種別　減損会計の実務』)

　グルーピングの方法として，まず継続的な損益が管理把握されている最小の単位を識別し，次にこれを基礎として，取締役会等においてある程度の地域単位，事業部単位で業績が報告されているなど，営業所間の相互補完性が認められる場合には，相互補完性を有する他の単位とグルーピングを行うことがあります。したがって，最終的にはどの単位でキャッシュ・フローが生成されているかにより，資産のグルーピング方法を決定すべきことになると考えられます。

（2）上場大手５社におけるグルーピング方法の比較

　上場大手５社のグルーピング方法は図表４-15-３のとおりです。いずれも物理的に独立した最小単位としての営業所をグルーピングの単位としている例はなく，支店単位あるいは事業そのものを単位としてグルーピングしています。

図表4-15-3　**上場会社５社のグルーピング方法**

ヤマトホールディングス	日本通運	福山通運	SGホールディングス	セイノーホールディングス
ヤマトグループは管理会計上の区分，投資の意思決定を行う際の単位を基準として，ヤマト運輸株式会社については**主に管下店を含む各主管支店および全ベース店**，当社およびその他の連結子会社については事業部単位を基本としてグルーピングを行っております。	当社グループは，減損会計の適用にあたって，他の資産又は資産グループキャッシュ・フローから概ね独立したキャッシュ・フローを生み出す最小単位である**支店**を基準として資産のグループ化を行っており，連結子会社につきましては，主として会社単位を基準としてグループ化を行っております。	当社グループは，提出会社の**事業所については統括地区ごと**に，連結子会社は会社ごとに，また，賃貸施設，遊休資産および処分予定資産については物件単位ごとにグルーピングを実施しております。	当社グループは，原則として事業用資産およびのれんについては**事業セグメントまたは事業所**を基準とし，処分予定資産，遊休資産等については，物件単位ごとにグルーピングしております。	当社グループは，輸送事業については**輸送事業全体**でグルーピングを行っており，輸送事業セグメント以外については事業所毎にグルーピングを行っております。

※強調は筆者。
（出所：各社の2019年３月期および2018年３月期の有価証券報告書より作成）

①　営業所単位でグルーピングする方法

　営業所は，物理的に独立しているため，グルーピング方法の最小単位としてまず考えられるものの，図表４-15-２の流れで貨物の運送を行っているケースにおいては，各営業所が他の営業所などから独立したキャッシュ・フロー生成単位ではないケースも想定されます。これは，ターミナルおよび他の営業所と

連携することによって，物流業務のキャッシュ・フローが生成されていると考えられるためです。

②　支店単位でグルーピングする方法

　陸上運送の主な運搬手段は車両であり，車両の発着地点であるターミナルは物流業におけるキャッシュ・フローの生成に欠かせない施設です。また，支店と運行路線との関係が密接であり，物流業のネットワークと支店の位置づけとの間に相互補完性が認められる場合には，会社の損益管理，投資の意思決定も支店単位で行われていることが想定されます。このような場合には，支店単位でグルーピングすることが考えられます。

③　事業単位でグルーピングする方法

　大手物流事業者の宅配事業のように，全社の宅配事業資産が1つのネットワークとなって相互に結合し，各営業所，トラックターミナル，支店などが相互依存的に業務を行っている場合には，当該宅配事業資産全体をグルーピング単位とすることも考えられます。

　たとえば，赤字店舗があった場合には，小売業等では営業政策上当該店舗の閉鎖が検討されることになります。一方，宅配事業においても，全国各地から発送し全国各地に配送してほしいという顧客ニーズから，全国各地に支店や営業所を設置した結果，たとえば離島などに不採算店が存在する可能性がありますが，宅配事業の全国的な運送ネットワークを維持し，そこからキャッシュ・フローを生み出すためには，不採算という理由だけで当該営業所を撤退することは難しい場合があります。

　また，全国各地の支店や営業所をまとめた単位で採算を考え，設備投資意思決定を行っているのであれば，当該営業所を含む宅配事業の固定資産の投資額は，宅配事業全体のキャッシュ・フローによって回収されていると考えられます。このような場合には，事業単位でグルーピングすることが考えられます。

（3）固定資産のグルーピングにあたっての留意事項

　資産のグルーピングは，他の資産または資産グループのキャッシュ・フロー

からおおむね独立したキャッシュ・フローを生み出す最小の単位で行うことが原則であるとともに，固定資産の投資額がどのキャッシュ・フロー生成単位によって回収されるべきであるかを考えたうえで，その方法を決定する必要があるため，物流業がどのようなネットワークにより営まれているのか，個々の会社ごとに検討する必要があります。

　また，資産のグルーピングの方法の違いにより，共用資産の範囲も異なります。支店単位や事業単位の場合には本社等が共用資産となりますが，営業所単位の場合には，支店や本社以外に各支店のターミナルや運搬手段の車両も共用資産に該当すると考えられます。

　このように，資産をいかにグルーピングするかにより，固定資産の減損損失に大きな影響を及ぼすことになるため，資産のグルーピングについては慎重に対応する必要があります。なお，資産のグルーピングは，事実関係が変化した場合を除き，翌期以降の会計期間においても同様に行うことになります（「固定資産の減損に係る会計基準の適用指針」第74項）。

第5章

運輸産業特有の
個別論点

第5章では，運輸産業特有の個別論点を中心に見ていきます。所属する各業界特有の論点等を紹介しています。

Q5-1 日本の航空業におけるIFRS導入状況

昨今では，IFRSの任意適用が広がっていると聞いています。日本の航空業ではどの程度IFRSの導入が進んでいるのでしょうか。

Answer Point

- 日本航空が2021年3月期からIFRSを適用しています。
- ANAホールディングスはIFRSの任意適用を検討しています。

解　説

　IFRSは2020年12月時点で166の国や地域が強制適用もしくは任意適用しており，世界共通の会計基準として広く普及しています（IFRS財団ホームページ参照，http://www.ifrs.org）。

　IFRSの適用は国単位で行われるため，航空業においてもその国ごとの導入状況に従うこととなります。G7でIFRSの強制適用が導入されていないのは日本とアメリカのみであり，グローバルで見た場合に大手航空会社の財務情報の比較可能性が問題とされています。しかし，日本の大手2社（ANAホールディングス，日本航空）においては，日本航空が2021年3月期からIFRSを適用しており，ANAホールディングスは今後の適用予定を決算短信において公表しています。当該2社の取組みにより今後，世界の大手航空会社との比較可能性が改善されると期待されています。

図表5-1 G20国の上場企業に対するIFRS導入状況

国名	導入（予定）時期	導入方法
日本	2010年	任意適用
韓国	2011年	強制適用
中国	2007年より延期（*1）	コンバージェンス（*2）
インド	2017年	コンバージェンス（*2）
オーストラリア	2005年	強制適用
インドネシア	2012年	コンバージェンス（*2）
サウジアラビア	2017年	強制適用
トルコ	2005年	強制適用
ロシア	2012年	強制適用
南アフリカ	2005年	強制適用
EU	2005年	強制適用
イギリス	同上	同上
フランス	同上	同上
ドイツ	同上	同上
イタリア	同上	同上
カナダ	2011年	強制適用
アメリカ	2012年目途に判断予定→見解示さず	コンドースメントアプローチの可能性
メキシコ	2012年	強制適用（銀行，保険会社以外）
ブラジル	2010年	強制適用
アルゼンチン	2012年	強制適用

（＊1）欧州証券規制当局委員会（CESR）は，欧州委員会（EC）の要請に基づき作成した，「日本，米国，中国の会計基準の同等性に係る助言案」を2007年12月18日に公表。その後中国基準は，2012年4月11日付で欧州委員会により同等であると評価された。
（＊2）コンバージェンスとは自国の会計基準をIFRSと実質的に同等の基準とし，自国基準を公式な財務報告基準とする導入方法を指す。

Q5-2 航空業におけるIFRS導入の影響

航空業にIFRSを導入する場合，主にどのような影響が考えられるでしょうか。日本基準との差異が大きい項目は何でしょうか。

Answer Point

- 固定資産に関連する基準である「リース」，「有形固定資産」，「借入コスト」が代表的な調整項目になると考えられます。

解 説

　航空業の財務諸表の特徴は第2章でも触れたように，航空機という非常に多額の初期投資が必要となる固定資産を保有もしくはリースして輸送業務を行うことであり，その初期投資に必要となる多額の借入れが必要となることが多く，また，非常に膨大な量の航空機材や部品の管理および整備が必要となります。したがって，航空業の特徴として，下記のIFRS基準が日本基準との間で大きな差異となることが挙げられます。

- IFRS第16号「リース」
- IAS第16号「有形固定資産」
- IAS第23号「借入コスト」

　なお，IFRS第15号「顧客との契約から生じる収益」は，航空業に限らずすべての業種で影響の大きい基準ですが，第3章で詳述のとおり，日本では，2021年4月1日以降開始する事業年度においてすべての国内企業に収益認識会計基準が適用されます。この収益認識会計基準は，IFRS第15号を基礎としており，一部の代替的な取扱いを除いてIFRS第15号と同一の処理となっています（収益認識会計基準第97項～第101項）。したがって，IFRS第15号の影響は第3章に記載された内容と変わらないため，ここでの説明は割愛します。

Q5-3 航空業におけるIFRS第16号「リース」のインパクト

航空業にIFRSを導入する場合には，IFRS第16号の影響が大きいと聞きました。IFRS第16号の適用に伴うBSやPLへの影響を教えてください。

Answer Point ☝

- 借手のオペレーティング・リースのリース料は，将来使用が見込まれる期間に相当する総額が「使用権資産」としてBSに計上されます。
- 「使用権資産」は割引計算により算出されるため，「減価償却費」と「利息費用」がPLに計上されます。

解説

　IASBは，2016年１月にIFRS第16号「リース」を公表しました。IFRSを適用している企業は，2019年１月１日以降開始する事業年度からIFRS第16号に基づいた会計処理を行う必要があります。IFRS第16号は，その前身であるIAS第17号「リース」と比較して，オペレーティング・リースとして判定されているリース取引の借手側の処理がすべてオンバランス（資産計上）されるという点で非常に大きな変更が行われています。

　固定資産に関しては，従来，①企業が購入した場合，②ファイナンス・リースと判定された場合，③オペレーティング・リースと判定された場合で，財務諸表上異なる表示となっていました。しかし，実際には同じ資産を同じ用途に用いていることもあり，契約条件によってその会計処理結果が異なることについて問題提起がされていました。今回のIFRS第16号におけるオペレーティング・リースの取扱いはこのような指摘を改善する目的で行われたものです。

図表5-3-1 従来のリース基準における借手側の問題点

	企業はいろいろな資産を多様な形式で使用し、企業活動を行っている		

	資産を購入した場合	ファイナンス・リースの場合	オペレーティング・リースの場合
BL	有形固定資産として計上	有形固定資産として計上	資産計上されない
PL	減価償却費	減価償却費と利息費用	支払リース料
CF	投資活動支出	財務活動支出	営業活動支出

IFRS第16号では、リース会計の統一を図ることが目的

※用語定義：「BS」貸借対照表，「PL」損益計算書，「CF」キャッシュ・フロー計算書

　これにより，リースの借手においてはファイナンス・リースとオペレーティング・リースの区分がなくなり，会計処理が統一されることとなりました。なお，貸手のファイナンス・リース，貸手のオペレーティング・リースに関しては，従来から大きな変更はなく，会計上も影響はほとんどありません。

（1）借手におけるオペレーティング・リースの貸借対照表（BS）影響

　航空機リースは，航空業において頻繁に行われています。航空機は1機当たりの購入代金が巨額であり，特に資金力が相対的に乏しいLCCなどは基本的にリースにより機材を賄っています。また，大手航空会社であってもその機材計画に照らしながら，自社保有，ファイナンス・リース，オペレーティング・リースを組み合わせて機材の最適化を図っています。

　一方，IFRS第16号においては借手側の処理としてファイナンス・リースとオペレーティング・リースの区分をなくしているため，リース取引はすべて「使用権資産」という資産項目と，その対になる「リース負債」が計上されることとなります（図表5-3-2）。この点，オペレーティング・リースとして処理していた航空機リースは，すべて「使用権資産」として貸借対照表に計上されることとなり，非常に影響が大きい変更となります。

BS計上額は，リース開始時点における「リース料総額の現在価値」を測定し，同額の「使用権資産」と「リース負債」を計上しますが，ここで大きく問題となるのが「リース期間」です。リース料は月払いが一般的であるため，リース料総額は「毎月リース料」×「契約上のリース期間」と計算されると思われがちですが，IFRS第16号で定めている「リース期間」は「契約上のリース期間」ではなく，「実際に資産を使用すると見込まれる期間」を指しています。

すなわち，たとえ契約上10年のリース期間であったとしても，リース延長オプションの行使が合理的に確実である場合またはリース解約オプションの行使が合理的に確実と認められる場合には，それをリース期間に考慮しなければならず，オプション期間の契約条件，借手にとってのリース資産の重要性，リース解約コストなどのさまざまな要因をリース資産ごとに見積る必要があります（IFRS第16号第18項，第19項）。

図表5-3-2　借手におけるオペレーティング・リースの処理変更によるBS影響

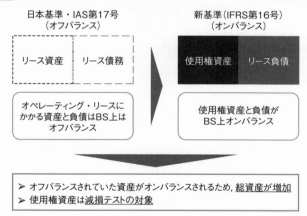

（2）借手におけるオペレーティング・リースの損益計算書（PL）影響

BS計上された「使用権資産」は減価償却を通じて費用化され，「リース負債」は支払リース料から利息費用部分を差し引いた残額分だけ毎期減少することとなります。支払リース料に含まれる利息費用はリース料未払い残高が多いほど多くなるため，リース期間の初期に負担が大きくなります。このように，PL

は従来定額で費用化されていたリース費用が，利息費用と減価償却費に変わり，リース期間を通じて費用は逓減することとなります（図表5-3-3）。

図表5-3-3 借手におけるオペレーティング・リースの処理変更によるPL影響

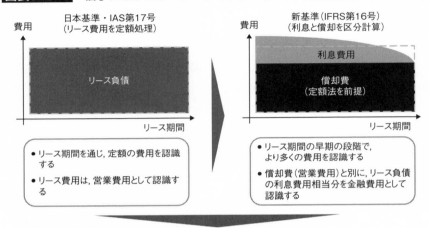

日本基準・IAS第17号
（リース費用を定額処理）

費用 → リース期間

リース負債

- リース期間を通じ，定額の費用を認識する
- リース費用は，営業費用として認識する

新基準（IFRS第16号）
（利息と償却を区分計算）

費用 → リース期間

利息費用

償却費
（定額法を前提）

- リース期間の早期の段階で，より多くの費用を認識する
- 償却費（営業費用）と別に，リース負債の利息費用相当分を金融費用として認識する

➤ 費用の認識タイミングが前倒しとなる
➤ リース負債の利息費用相当分は金融費用となるため，営業利益は増加する

Q5-4 航空業におけるIAS第16号「有形固定資産」のインパクト

航空業のBSでは，固定資産が占める割合が大きいので，IAS第16号「有形固定資産」を適用した場合にどのような影響があるのかについて教えてください。

Answer Point

- 航空機などの多額の固定資産を重要性のある構成単位に分割し，その単位で減価償却を行うコンポーネント・アカウンティングの検討が求められます。
- 定期的に行われる大規模検査に要するコストは固定資産計上され，減価償却を行うことが求められます。

解説

　航空業においては航空機に関連した多額の固定資産が計上されるため，IFRSを適用した場合にIAS第16号の影響を大きく受けます。以下，主要なものを紹介します。

（1）コンポーネント・アカウンティング（減価償却単位）

日本基準	IFRS
規定なし	ある有形固定資産項目の取得原価の総額に対して重要性のある各構成部分については，個別に減価償却しなければならない（IAS第16号第43項）。

　日本基準において，減価償却を行う単位について明文の規定はありません。

したがって，便宜的に，多くの会社で税務基準に従った減価償却単位の設定が行われており，航空機についてもこれを一体として減価償却を行う実務が広く行われています。

一方，IFRSにおいてはコンポーネント・アカウンティングの考え方に基づき，資産の取得原価の総額に対して重要性のある構成部分（コンポーネント）については，個別に減価償却することが求められています。

民間旅客機として使用されている航空機のうちエンジンや内装は，耐久性や機能劣化等により，一般的に航空機の使用期間の途中で交換する必要が生じます。また，航空機には上記のほかにも交換を伴わないものの定期的な修理・点検を必要とする部品が存在します。したがって，コンポーネント・アカウンティングの考え方に従い，これらの航空機を構成する資産のうち取得原価の総額に対して金額的に重要な部品等について取得原価を配分し，個別に減価償却方法，耐用年数，残存価額を決定し，減価償却を行います。また，後述する有形固定資産としての認識基準を満たす定期的な大規模検査費用も，当該検査費用を含めた価格で取得しているととらえることが適切であると考えられ，これが重要なコンポーネントに該当する場合もあります。

取得原価の配分において，値引きおよび割戻し，直接付随費用についてはそれらを控除する前の取得原価を基礎として，適切な配分基準によって機体やエンジンといった個々のコンポーネントに按分し，取得原価の調整として処理します。特定のコンポーネントに直接関連しない値引き等については，合理的な配分基準によって按分することとなります。

（2）定期的な大規模検査費用

日本基準	IFRS
個別具体的な規定はなく，資本的支出に該当した場合には有形固定資産の取得原価に認識され，収益的支出に該当した場合には資産として認識されず当期の費用として認識される。また，引当金の4要件（企業会計原則注解の注18）を満たしたものは修繕引当金として見積りが行われ，引当計上される。	有形固定資産項目を継続して操業するための条件として，当該項目の部品の取替えにかかわらず，定期的に大規模な検査を実施することがある。大規模な検査の都度，認識規準が満たされる場合には，その取得原価を取替資産として有形固定資産の帳簿価額に含めて認識する（IAS第16号第14項）。

　IFRSにおいて，定期的な大規模検査費用が資産の認識要件を満たす場合には，当該検査にかかる支出額は有形固定資産の帳簿価額に含めて認識し，次の大規模検査が実施されるまでの期間にわたって減価償却します。特に，航空機に関してはIAS第16号第14項において例示として唯一記載がある項目であり，対応が必須となります。資産の認識要件は，（1）将来の経済的便益が企業に流入する可能性が高く，かつ，（2）取得原価が信頼性をもって測定できる場合に求められるため，定期的な大規模検査がこれらの条件を満たす場合には，有形固定資産に計上しなければなりません。

　航空機に係る検査の種類は多岐にわたり，さまざまな種類の検査を同時に行うこともあるため，明確に種類とそれに応じた会計処理を類型化することは難しいものの，一般的には図表5-4-1のように考えることができます。

図表5-4-1　検査の種類および会計処理

検査の種類	定期的な大規模検査	臨時または緊急の大規模検査	日常的な中小規模の検査
一般的な内容	耐空証明を得るために必要不可欠なものであり，実施時期も予見可能	航行安全上，不具合発見時に行われる予見し難いもの	清掃等を含む保守・修繕
検査期間	数十日から数カ月	数十日から数カ月	数時間から数日
会計処理	定期的な大規模検査として資産計上（資産の認識要件を満たした場合）	発生時費用処理	発生時費用処理

　一般的な整備の区分に照らした場合，その検査期間や規模に鑑みてC整備およびD整備（Q4-3「航空機に係る取得後支出（整備，部品交換）」参照）が定期的な大規模検査に該当する可能性がありますが，会計処理の決定にあたっては個々の検査の内容，間隔，金額等に応じて慎重に判断する必要があります。

　重要なコンポーネントとして区分された当初取得時の大規模検査費用あるいは前回の大規模検査費用の帳簿価額は，当初見積った検査間隔どおりに検査が実施されている場合には次回の大規模検査の実施（直前）時点でゼロとなります。一方で，大規模検査の実施時期の変更が判明した場合，その時点で当初見

積った耐用年数の見直しを検討することが考えられます。

　IFRSにおいて，減価償却（減価償却方法，耐用年数，残存価額）は会計上の見積りとされており，企業に固有の事情を反映することとなります。IFRSを導入している海外航空会社の開示資料を比較すると，航空機という同じ種類の資産であっても各企業の固有の事情により，判断・見積りの結果が異なっていることがわかります（図表 5-4-2）。

図表5-4-2　航空機の減価償却に係る開示例（IFRS適用航空会社）

企業名	コンポーネント	耐用年数	残存価額	減価償却方法
Air France KLM	航空機	20年	0％	定額法
	整備事業用の予備部品	最大30年	見積残存価額	
Lufthansa	航空機	20年	5％	定額法
	予備エンジン	20年	5％	
Qantas	旅客機およびエンジン	2.5年〜20年	0％〜10％	定額法
	貨物機およびエンジン	2.5年〜20年	0％〜20％	
	航空機予備部品	15年〜20年	0％〜20％	
Emirates	航空機（新規）	15年〜18年	0％〜10％	定額法
	航空機（中古）	5年	0％	
	エンジンおよびエンジン部品	5年〜15年	0％〜10％	

Q5-5 航空業におけるIAS第23号「借入コスト」のインパクト

建設などに要する借入資本の利子といった借入コストは，日本基準とIFRSでは取扱いが異なると聞きました。具体的にどのように違うのか，教えてください。

Answer Point

- IFRSでは，「適格資産」と判定された資産を取得するための借入利息等は，固定資産として計上し，減価償却を行うことが求められます。
- この場合，日本基準で財務費用とされていた借入利息等は，IFRSでは減価償却を通じて営業費用として開示されます。

 解説

日本基準	IFRS
固定資産を自家建設した場合には，適正な原価計算基準に従って製造原価を計算し，これに基づいて取得原価を計算する。建設に要する借入資本の利子で稼働前の期間に属するものは，これを取得原価に算入することができる（企業会計原則と関係諸法令との調整に関する連続意見書第三　有形固定資産の減価償却について）。	適格資産の取得，建設または生産に直接起因する借入コストは，資産の取得原価の一部を構成する。その他の借入コストは費用として認識される（IAS第23号第1項）。

　日本基準においては，建設に要する借入資本の利子で稼働前の期間に属するものは取得原価に算入することができることとされている一方，IFRSにおい

ては適格資産（資産の意図した使用が可能になるまでに相当の期間を要する資産）の取得，建設または生産に要した借入コストは，一定の条件の下で資産化することが強制されます。

　航空業においては，航空機が適格資産として判定されることが多いと考えられるため，取得するに際して外部からの借入れを行った場合などは，その借入れに係る利息が購入した航空機の取得原価として貸借対照表に計上されます（IAS第23号第12項）。また，一般目的で借り入れた借入金であっても，適格資産の取得のために使用した範囲を算出し，その借入利息を適格資産の取得原価に含める必要があります（IAS第23号第14項）。

　したがって，日本基準においては借入利息として財務費用とされていた費用が，取得原価に算入されることにより減価償却費を通じて営業費用として損益計算書で表示されるため，外部へ開示する業績の見え方が変化します。また同時に，借入利息の支払時に費用処理していたものが，資産の取得原価に算入され減価償却期間で費用化されるため，費用化されるタイミングが後ろ倒しとなります。

Q5-6　海運業におけるデリバティブ

　海運業で用いられる主なデリバティブの会計処理について教えてください。

Answer Point

- 海運業の業績はさまざまな相場変動の影響を受けており，相場変動の影響を減殺する目的でさまざまなデリバティブ取引が行われています。
- デリバティブは原則として決算日の時価で評価し，帳簿価額との差額は損益に計上します。なお，一定の要件を満たす場合，ヘッジ会計を適用することができます。

解　説

（1）海運業を取り巻く相場変動

　海運業は為替リスク，金利変動リスク，燃料の価格変動リスク，運賃の相場変動リスク，船舶の傭船料相場の変動リスク等，さまざまな相場変動リスクにさらされています。相場変動に関する主なリスクと，それに関連する海運業における取引例，および相場変動の影響を減殺するデリバティブ取引をまとめると，図表 5-6-1 のようになります。

　特に，外航海運業は，グローバルに事業を展開しており，主要な収益や費用の中に米ドルを中心とした外貨建取引が占める割合が高いことから，為替変動リスクの影響を受けやすいといえます。また，事業に必要な船舶の購入には多額の資金が必要となりますが，一般的に海運業は自己資金のみならず借入れ等の負債による資金調達を行っており，金利変動のリスクにさらされています。さらに，燃料油は世界中で大量に取引されているコモディティであり，価格変

動リスクがあります。

　また，海運業においては，バルチック海運指数（イギリスのバルチック海運取引所が算出するばら積み船運賃の総合指数)に代表されるように，備船料等，提供するサービス自体も指標化されています。そして，個別の運送契約において運賃や備船料がこれらの指標等に基づいて決定される場合もあり，相場変動リスクにさらされています。

図表5-6-1 主な相場変動リスク

相場変動リスク	取引事例	為替相場の影響を減殺するデリバティブ
為替相場	• 外貨建運賃収入 • 外貨建船舶購入契約 • 外貨建燃料油購買 • 外貨建の港費，貨物費，船員費等の支払	• 為替予約 • 通貨スワップ
金利変動	• 船舶購入のための借入れまたは社債発行	• 金利スワップ
燃料価格変動	• 燃料油購買	• 商品オプション取引 • 商品先物取引
運賃等収益に関する相場変動	• 運賃 • 貸船料（収益） • 借船料（費用）	• 備船先物（Forward Freight Agreement)

（2）デリバティブの利用と会計処理

　海運業を営む企業は，デリバティブを利用して相場変動の影響を減殺する取引（ヘッジ取引）を行うことがあります。

　デリバティブ取引により生じる正味の債権および債務は時価をもって貸借対照表価額とし，評価差額は原則として当期の純損益として処理します。

　ただし，ヘッジ取引のうち一定の要件を満たすものについて，ヘッジ対象に係る損益とヘッジ手段に係る損益を同一の会計期間に認識し，ヘッジの効果を会計に反映させるための特殊な会計処理（ヘッジ会計）を適用することができます。

　ここで，海運業を営む企業において，燃料価格の変動リスクや運賃等の相場

変動リスクに関するデリバティブ取引等にヘッジ会計を適用するにあたり，ヘッジの有効性の判定をしなければなりません。

　燃料価格の変動リスクや運賃等の相場変動リスクに関するヘッジ取引においては，当該企業が行う現物取引とヘッジ目的のデリバティブ取引が参照するインデックスとが完全には一致しないことがあります。このとき，ヘッジ手段から生じる相場変動の影響とヘッジ対象から生じる相場変動の影響が完全には相殺されず，ヘッジの非有効部分が発生します（図表５-６-２）。燃料相場や運賃や傭船料等の相場に関するデリバティブ取引をヘッジ手段として用いる場合，ヘッジ手段は市場において頻繁に取引されている典型的な金融商品であるのに対して，ヘッジ対象となる現物取引は固有の状況を前提とした相対取引であり，両者の条件が一致しないことも想定されます。

　この場合，経営上はヘッジを目的とした取引であっても，ヘッジの有効性の条件を満たしていないとしてヘッジ会計が適用できない場合もあるため，ヘッジの有効性の判定は慎重に行う必要があります。

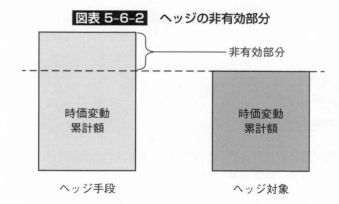

図表 5-6-2　ヘッジの非有効部分

Q5-7 海運業における仕組船会社

仕組船会社（便宜地籍船会社）とは何ですか。また，仕組船会社に関する会計処理と税務上の特徴について教えてください。

Answer Point

- 仕組船会社とは，船舶を保有することを目的として設立された特別目的会社（SPC）のことです。
- 仕組船会社は，取得した船舶を傭船することを業とするため，船舶，借入金，貸船料および減価償却費などが主たる財務諸表項目となります。
- 海運企業はパナマ，リベリアなどの軽課税国に仕組船会社を設立することが多く，その場合，いわゆるタックスヘイブン対策税制の適用対象となります。

解説

（1）仕組船会社の概要

海運企業では，パナマやリベリア等の軽課税国に特別目的会社（SPC）を設立し，船舶を登録・保有させ，当該子会社から船舶を傭船により調達する形態が多くみられます。この特別目的会社を仕組船会社（便宜地籍船会社）といいます。

仕組船会社は，外部またはグループ会社から調達した造船資金を元手に，船舶を建造し，これに船員を配乗させた後，これを親会社に定期傭船することを主たる業務とします。

外航海運業を営む多くの海運企業で，人件費や税金費用の軽減といったコスト・メリットを享受するために，この仕組船会社を通じたスキームが利用され

ています。

（2）仕組船会社をめぐる会計処理および開示

　仕組船会社は，名目的な資本金で設立され，造船資金は外部またはグループ会社から調達することが多いため，借入金が多額になります。

　仕組船会社は，保有する船舶に船員配乗会社を通じて船員（主に外国人船員）を配乗させたうえで，親会社等に定期傭船することにより傭船料収入を得ることとなります。仕組船会社の傭船料は，一般的に仕組船会社で発生する資本費（船舶の減価償却費や金利など）に運航費を含む総コストをカバーする形で決定されます。

図表5-7　仕組船会社における貸借対照表・損益計算書のイメージ

貸借対照表		
現金及び預金	借入金	
船舶		
	特別修繕引当金	
	その他負債	
	資本金	
その他資産	繰越利益剰余金	

損益計算書	
海運業費用 　船費 　船舶減価償却費	海運業収益 　貸船料
一般管理費	
営業外費用 　支払利息	
当期純利益	

①　貸借対照表項目

ⅰ．船　舶

　仕組船会社の資産の大部分を船舶が占めるため，船舶をめぐる会計処理が重要となります。なお，船舶の会計処理については，Ｑ5-4「航空業におけるIAS第16号「有形固定資産」のインパクト」およびＱ5-5「航空業におけるIAS第23号「借入コスト」のインパクト」をご参照ください。

ⅱ．借入金

　仕組船会社は，多くの場合，船舶の取得資金を外部もしくはグループ会社から調達します。船舶の取得価額は数十億円もしくはそれ以上になることが多

く，これを外部金融機関から調達する場合は，融資条件として財務制限条項が設定されることが多くあります。ここに財務制限条項とは，経常利益や純資産などの指標が，あらかじめ定めた一定の条件を下回ることとなった場合，借入先は期限の利益を失い，借入金額の一括返済が必要となる条項を指します。このような条項が，利害関係者にとって企業の状況に関する適正な判断を行うために必要な情報と判断される場合には，追加情報による注記開示が必要となります。

ⅲ．担保および保証債務

仕組船会社は，船舶を保有する特別目的会社（SPC）であり資力がないため，外部金融機関から融資を受ける場合には，親会社がその債務を保証することが一般的です。また，親会社の財務状況によっては，船舶を担保に供することもあります。子会社の借入れに対する親会社の債務保証行為は，親会社の個別財務諸表の注記項目であるため，子会社別に総額で債務保証額を注記する必要があります。また，船舶を担保に供した場合，担保提供資産および対応債務を注記する必要があります。

② 損益計算書項目

ⅰ．貸船料

仕組船会社は，船舶運航会社に傭船することにより傭船料収入を得ることを業とします。このため，仕組船会社における主たる収益源は貸船料ということになりますが，傭船先が親会社等である場合は，当該貸船料はグループ間取引となるため連結上は相殺消去する必要があります。

ⅱ．船費や船舶減価償却費などの海運業費用

仕組船会社は，船舶を定期傭船する場合には船員を配乗させます。仕組船会社で発生する費用にはこの船員費のほか，船舶管理業務に係る費用（修繕費，保険料，船用品費など）があります。

（3）仕組船会社における税務上の特徴

　海運企業が軽課税国に仕組船会社を設立した場合は，いわゆるタックスヘイブン対策税制の適用対象となります。

　タックスヘイブン対策税制とは，軽課税国を利用して租税回避を図る行為を排除する目的で，所在地における税負担が日本の法人税負担に比べて著しく低い外国子会社等（特定外国子会社等）の留保所得を，一定の要件の下に株式の直接・間接の所有割合に応じて日本の株主の所得とみなし，それらの者の所得に合算したうえで，日本で課税する制度のことです。タックスヘイブン対策税制を適用した場合，親会社の所得に仕組船会社の所得が合算されて課税されることになります。

Q5-8 鉄道業における上下分離

鉄道業における上下分離方式の事業形態と会計上の論点について教えてください。

Answer Point

- 日本の鉄道事業者は，事業の種類に応じて国土交通省からの許可を受けています。
- 上下分離方式に伴い発生する線路使用料については，複数の算定方法があります。
- IFRS上は，事業免許の種類に対するリースの判定が論点となります。

解説

（1）上下分離方式と鉄道事業免許の関係

上下分離方式とは，鉄道事業経営における施設の保有と運行・維持に関する役割の分担を示す用語です。具体的には，鉄道業に必要なインフラとしての設備や施設を整備・所有する施設保有主体（下部）と，そのインフラを利用して運行や維持管理をする事業運営主体（上部）を分離する考え方を指します。

日本の鉄道事業者は，「鉄道事業法」に従って，第一種から第三種の各事業種別に対して，国土交通大臣からの許可を受けています（図表5-8）。これを上下分離方式に当てはめると，第二種が上部，第三種が下部と整理され，第一種は上下一体の事業形態と考えられます。これらの事業種別による鉄道政策の基本的な理念は，上下分離方式による事業展開にあるといわれています。

上下分離方式による事業による効果は，設備投資リスクの分散化，競争原理によるサービスの向上，経営不振への支援手法などがあり，海外（特に欧州）

では古くから経営手法として取り入れられてきました。さらに，その多くの利点から，鉄道のみならず，空港や道路，港湾の整備・運用においても上下分離の考え方が採用されています。

図表5-8 鉄道事業法における事業の種類

第一種鉄道事業	鉄道による旅客または貨物の運送を行う事業であって，第二種鉄道事業以外のものをいう。
第二種鉄道事業	自らが敷設する鉄道線路以外の鉄道線路を使用して鉄道による旅客または貨物の運送を行う事業をいう。
第三種鉄道事業	鉄道線路を第一種鉄道事業を経営する者に譲渡する目的をもって敷設する事業および鉄道線路を敷設して当該鉄道線路を第二種鉄道事業を経営する者に専ら使用させる事業をいう。

（2）上下分離に伴う会計処理（線路使用料）

　上下分離方式が採用された場合，資産保有主体（下部）が所有する鉄道施設を利用する対価として，事業運営主体（上部）から「線路使用料」が支払われます。

　この線路使用料の設定方法には法的な規制がなく，当事者同士の合意に基づいて設定されることから，各主体や各路線の取引実態や財務状況等に応じてさまざまな算定方法で設定されています。たとえば，その輸送がなければ回避できたであろう経費に基づく算定，総括原価方式（役務の提供に必要となる原価相当額）に基づく算定，固定料金と変動料金の二部構成に基づく算定などです。

　いずれの場合においても線路使用料の支払額は，事業運営主体（上部）においては事業運営上，不可避のコストであるため，「営業費用（売上原価）」として発生時に費用処理される点について相違はありません。

（3）上下分離方式に関する会計上の論点（リース）

　上下分離方式は，資産保有主体（下部）が所有する施設を，事業運営主体（上部）が対価を支払って利用していることから，形式的には賃貸借取引またはリース取引のようにとらえられます。

　この場合，日本における企業会計基準第13号「リース取引に関する会計基準」（以下，「リース会計基準」という）に規定するファイナンス・リース取引に該

当しないのか，また，IFRSにおけるIFRS第16号「リース」に規定するリース取引に該当しないのかが会計上の論点になると想定されます。

リース会計基準では，「リース取引」を「特定の物件の所有者たる貸手（レッサー）が，当該物件の借手（レッシー）に対し，合意された期間（以下「リース期間」という）にわたりこれを使用収益する権利を与え，借手は，合意された使用料（以下「リース料」という）を貸手に支払う取引」と定義しています。

日本の鉄道事業者は，前述のとおり，第一種から第三種までの事業形態を国の許可制度のなかで認可を受け，展開しています。その際，第三種鉄道事業者が所有する鉄道施設の線路上を，第二種鉄道事業者が自社車両を走行させたことによる線路使用料の支払は，一般的には第三種鉄道事業者が当然得るべき鉄道収入の取り分を適正に配分するものであり，鉄道施設の資産価値を車両運行会社に収受させることを目的とはしていないと考えられているようです。また，必ずしも線路使用料の設定方法が，資産価値の移転を前提とした算定方法によっていないため，ファイナンス・リース取引に関する判定基準であるノンキャンセラブルやフルペイアウトの要件にも合致せず，鉄道施設を利用する第二種鉄道事業者側でのオンバランス処理は不要と判断されていると想定されます。

ただし，IFRS第16号においては，リース取引の借手側の会計処理はファイナンス・リース取引とオペレーティング・リース取引の区別なく原則としてオンバランス処理が求められていることから，リース会計基準とは異なる会計処理が必要となる可能性も考えられます。

Q5-9 鉄道建設・運輸施設整備支援機構

鉄道業における独立行政法人鉄道建設・運輸施設整備支援機構と鉄道事業者との関係を教えてください。

Answer Point

- 鉄道業における独立行政法人鉄道建設・運輸施設整備支援機構（以下，「鉄道・運輸機構」という）は，新幹線鉄道等の鉄道施設の建設や貸付け等を行っており，鉄道事業者の中には鉄道・運輸機構に対して賃借料を支払っている場合があります。
- 鉄道・運輸機構から助成金を受けた場合には，助成金によって取得した固定資産に対して圧縮記帳を行うことができます。この際，第三セクターを設立するような場合には，当該第三セクターを鉄道事業者の連結の範囲に含めるか否かについて検討が必要です。

（1）鉄道・運輸機構の概要と設立目的

鉄道・運輸機構は，2003年に日本鉄道建設公団と運輸施設整備事業団が統合して設立された独立行政法人です。鉄道の建設や，鉄道事業者，海上運送事業者などによる運輸施設の整備を促進するための助成などの支援を行うことを通じて，大量輸送機関を基幹とする輸送体系の確立等を図るとともに，運輸技術に関する基礎的研究を行うことにより，陸上運送，海上運送および航空運送の円滑化を図ることを目的とするとされています。

（2）鉄道の建設

鉄道事業者は，新規の鉄道施設の建設や助成金等の支給を受けるにあたっ

て，鉄道・運輸機構との協議や取引を行うことが多くあります。また，鉄道事業者の中には，鉄道・運輸機構が建設し保有する鉄道施設を借り受けて営業運行している路線も多数あります。

　鉄道・運輸機構は，新幹線の建設，都市圏の通勤等混雑緩和のための鉄道網整備・複々線化なども行っています。わが国の鉄道ネットワークの整備を推進するため，国土交通軸を形成する新幹線や，都市圏における利便性の向上のための都市鉄道等を建設しています。

　鉄道・運輸機構は，これまで整備新幹線（全国新幹線鉄道整備法に基づく新幹線の建設）をはじめとして，全国各地の鉄道路線を119線，約3,600km建設してきました（2019年4月1日現在）。具体的な路線は，図表5-9のとおりです。

図表5-9　鉄道・運輸機構が建設した主な路線

路　線	鉄道会社	事業種別
北海道新幹線（新青森・新函館北斗間）	北海道旅客鉄道株式会社	第二種
北陸新幹線（長野・金沢間）	西日本旅客鉄道株式会社	第二種
九州新幹線（博多・鹿児島中央間）	九州旅客鉄道株式会社	第二種
東北新幹線（盛岡・新青森間）	東日本旅客鉄道株式会社	第二種
成田新高速鉄道線（成田スカイアクセス線）	京成電鉄株式会社	第二種
つくばエクスプレス	首都圏新都市鉄道	第一種

　各鉄道会社が第二種鉄道事業者である場合は，資産保有会社である鉄道・運輸機構（第三種鉄道事業者）から線路等の施設を借りて運行しています。この場合，各鉄道会社は，鉄道・運輸機構に対して線路等の施設に関する賃借料が生じることとなります。鉄道・運輸機構は，当該賃貸収入を財源として新たな鉄道設備の建設や，鉄道会社に対する資金貸付・助成等を行っています。

（3）鉄道の助成

　鉄道・運輸機構は，鉄道に関わるさまざまな補助金の交付業務などを行っています。国からの補助金等やJR本州3社から収受する既設四新幹線譲渡収入を活用した，鉄道施設の整備等に対する助成を行っています。主な具体例を2

つ取り上げます。

①　都市鉄道の利便増進（都市鉄道利便増進事業費補助）

　既存の都市鉄道施設を有効活用して，速達性の向上および駅施設の利用円滑化を図るため，第三セクターまたは鉄道・運輸機構が行う，都市鉄道等利便増進法の計画認定を受けた事業（速達性向上事業または駅施設利用円滑化事業）に必要な施設整備に対して補助します。

　2018年度における対象事業は，速達性向上を目的とした「相鉄・JR直通線（西谷～横浜羽沢）」，「相鉄・東急直通線（横浜羽沢～日吉）」となっています。鉄道・運輸機構の建設本部に対して，補助対象経費の3分の1以内（関係地方公共団体と協調）での補助金が支給されています。

　なお，助成金を受領した鉄道事業者は，固定資産の圧縮記帳による会計処理を行うことができるため，圧縮するかどうかを検討することが考えられます。

②　幹線鉄道の高速化（幹線鉄道等活性化事業費補助）

　高速輸送体系の形成の促進に資するため，第三セクターが行う在来の幹線鉄道を高速化するための鉄道施設整備に対して補助します。

　具体的には，幹線鉄道を高速化するための，電化，曲線改良，行き違い設備の増設，信号保安設備の改良等の鉄道施設整備であり，第三セクターを対象として，補助対象経費の10分の2以内（関係地方公共団体と協調）での助成が行われます。

　過去の事業例としては，「JR北海道札沼線（桑園・北海道医療大学間）の高速化（2011年度事業完了）…北海道高速鉄道開発株式会社（JR北海道50％所有）」等があります。

　この際，第三セクターを設立するような場合には，第三セクターを鉄道事業者の連結の範囲に含めるか否かについて，検討を行うことが必要となります。

Q5-10 鉄道業におけるICカードに関する委託業務

交通系ICカードを導入している場合の留意点を教えてください。

Answer Point

- 交通系ICカード運営会社の「受託会社に係る内部統制の保証報告書」の要否を検討します。

解　説

　たとえば，首都圏における民鉄系ICカードPASMOのように，各鉄道事業者が交通系ICカードを導入している場合，ICカードに関する収入精算業務について㈱パスモのようなICカード運営会社の業務の提供を受けているため，財務諸表作成の基礎となる取引に係る業務の一部を外部の専門会社に委託しているケースに該当します。

　鉄道事業者が内部統制報告書提出会社であり，ICカードに関する委託業務が重要な業務プロセスの一部を構成している場合には，ICカード運営会社の業務に関する内部統制の有効性を評価する必要があるため，委託業務に関連する内部統制の評価結果を記載した「受託会社に係る内部統制の保証報告書」をICカード運営会社から入手して利用することを検討する必要があります。

　また，内部統制報告書提出会社ではなくても，会計監査において上記の報告書が必要となる場合があるため，留意が必要です。

【監修者】

有限責任監査法人トーマツ　東京事務所

　　水野　博嗣　（公認会計士）

【執筆責任者】

有限責任監査法人トーマツ　東京事務所

　　小堀　一英　（公認会計士）

【執筆者】

有限責任監査法人トーマツ

●東京事務所

　　秋山　謙二　（公認会計士）

　　柴田　勝啓　（公認会計士）

　　石田　義浩　（公認会計士）

　　関　信治　（公認会計士）

　　笹岡　祐也　（公認会計士）

　　渡邉　俊和　（公認会計士）

　　榎原　啓介　（公認会計士）

　　吉岡　利樹　（公認会計士）

　　東谷　精哲　（公認会計士）

　　蕨　高明　（公認会計士）

　　切石　真文　（公認会計士）

　　安岡　悟志　（公認会計士）

　　岸　貴之　（公認会計士）

　　鈴木　健太　（公認会計士）

　　沖　隆士　（公認会計士）

　　片田　健児　（公認会計士）

●静岡事務所

　　湯浅　達夫　（公認会計士）

●名古屋事務所

　　加納　俊平　（公認会計士）

●京都事務所

　　小堀　真樹　（公認会計士）

●福岡事務所

　　久原　明夫　（公認会計士）

　　山本　有希　（公認会計士）

【著者紹介】

有限責任監査法人トーマツ

　有限責任監査法人トーマツは，デロイト トーマツ グループの主要法人として，監査・保証業務，リスクアドバイザリーを提供しています。日本で最大級の監査法人であり，国内約30の都市に約3,300名の公認会計士を含む約6,700名の専門家を擁し，大規模多国籍企業や主要な日本企業をクライアントとしています。

　デロイト トーマツ グループは，日本におけるデロイト アジア パシフィック リミテッドおよびデロイト ネットワークのメンバーであるデロイト トーマツ合同会社ならびにそのグループ法人（有限責任監査法人トーマツ，デロイト トーマツ コンサルティング合同会社，デロイト トーマツ ファイナンシャルアドバイザリー合同会社，デロイト トーマツ税理士法人，DT弁護士法人およびデロイト トーマツ コーポレート ソリューション合同会社を含む）の総称です。デロイト トーマツ グループは，日本で最大級のビジネスプロフェッショナルグループのひとつであり，各法人がそれぞれの適用法令に従い，監査・保証業務，リスクアドバイザリー，コンサルティング，ファイナンシャルアドバイザリー，税務，法務等を提供しています。また，国内約30都市以上に1万名を超える専門家を擁し，多国籍企業や主要な日本企業をクライアントとしています。詳細はデロイト トーマツ グループWebサイト（www.deloitte.com/jp）をご覧ください。

　デロイト ネットワークとは，デロイト トウシュ トーマツ リミテッド（"DTTL"），そのグローバルネットワーク組織を構成するメンバーファームおよびそれらの関係法人の総称です。DTTL（または"Deloitte Global"）ならびに各メンバーファームおよび関係法人はそれぞれ法的に独立した別個の組織体であり，第三者に関して相互に義務を課しまたは拘束させることはありません。DTTLおよびDTTLの各メンバーファームならびに関係法人は，自らの作為および不作為についてのみ責任を負い，互いに他のファームまたは関係法人の作為および不作為について責任を負うものではありません。DTTLはクライアントへのサービス提供を行いません。詳細は www.deloitte.com/jp/about をご覧ください。

　デロイト アジア パシフィック リミテッドはDTTLのメンバーファームであり，保証有限責任会社です。デロイト アジア パシフィック リミテッドのメンバーおよびそれらの関係法人は，それぞれ法的に独立した別個の組織体であり，アジア パシフィックにおける100を超える都市（オークランド，バンコク，北京，ハノイ，香港，ジャカルタ，クアラルンプール，マニラ，メルボルン，大阪，ソウル，上海，シンガポール，シドニー，台北，東京を含む）にてサービスを提供しています。

Q&A
業種別会計実務7・運輸（第2版）

2013年3月30日 第1版第1刷発行	著 者 有限責任監査法人トーマツ
2021年6月15日 第2版第1刷発行	発行者 山 本 継
	発行所 ㈱中 央 経 済 社
	発売元 ㈱中央経済グループ パ ブ リ ッ シ ン グ

〒101-0051 東京都千代田区神田神保町1-31-2
電話 03（3293）3371（編集代表）
03（3293）3381（営業代表）

©2021. For information, contact
　　Deloitte Touche Tohmatsu LLC.
Printed in Japan

https://www.chuokeizai.co.jp
印刷／文唱堂印刷㈱
製本／誠製本㈱